Das große Hochzeitsbuch

Monika Baumüller · Claudia Merkle

Das große Hochzeitsbuch

Den schönsten Tag in Ihrem Leben vorbereiten, feiern und genießen

CORMORAN

Inhalt

Liebe und gegenseitiges Vertrauen sind die Grundlagen einer Partnerschaft.

Rechtlich gültig wird die Eheschließung durch das Jawort auf dem Standesamt.

Was zieht sie an? Wie wird er an dem großen Tag aussehen?

Hochzeit feiern – exotisch im Ausland, außergewöhnlich unter Wasser oder klassisch im Schloß.

Die kirchliche Trauung – ein Moment der großen Gefühle und Höhepunkt des Tages.

Die Hochzeit ist erst der Beginn des gemeinsamen Lebens.

Vorwort

Herzlichen Glückwunsch! Sie haben sich füreinander entschieden und möchten Ihre Liebe auf dem Standesamt in aller Öffentlichkeit besiegeln. Sie haben den Partner gefunden, mit dem Sie sich eine gemeinsame Zukunft vorstellen können.

Vielleicht sind Sie überrascht, daß sich Empfindungen verändern können, sobald von Heirat gesprochen wird. Die Liebe – ein ganz eigenartiges Gefühl, das sich kaum in Worte fassen läßt und von jedem immer wieder anders erlebt wird – scheint plötzlich in gewisser Hinsicht ihre Unverbindlichkeit zu verlieren. Vielleicht bemerken Sie aber auch, daß Ihre Beziehung unerwartet eine ganz andere, ganz neue Qualität erhält.

Ein gelungenes Hochzeitsfest erinnert auch im Alltag immer wieder an den Zauber des Augenblicks.

Entdeckungsreise Partnerschaft

Eine Partnerschaft ist gerade deshalb ungeheuer faszinierend, weil sie gleichzeitig die glücklichsten und erfüllendsten als auch die traurigsten und frustrierendsten menschlichen Erfahrungen in sich birgt. Das Leben zu zweit ist ein außerordentlich komplexes und zerbrechliches Gebilde. In jeder Zweierbeziehung prallen unterschiedliche Erwartungen und Wunschvorstellungen aufeinander, was immer wieder enorme Kompromißbereitschaft erfordert. Versuchen Sie die Balance zu erreichen, in der Sie sich Ihre Freiräume und Träume bewahren und gleichzeitig auf die Bedürfnisse Ihres Lebensgefährten eingehen, so daß Sie Ihre Persönlichkeit wahren. Partnerschaft bedeutet Vertrauen, Geborgenheit, Liebe, Kommunikation und Verständnis. Liebe bedeutet vor allem, den anderen so zu akzeptieren, wie er ist.

Es gibt von staatlicher Seite unzählige Gesetze, die Ehe und Familie ganz besonders schützen, doch es liegt vorrangig an Ihnen, der recht nüchternen »Institution« Ehe, Ihrem gemeinsamen Alltag Lebendigkeit, Heiterkeit und positive Spannung zu verleihen. Versuchen Sie es gleich am Anfang: Planen und organisieren Sie Ihren schönsten Tag, den Beginn Ihres Miteinanders, zusammen mit Ihrem Partner ganz nach Ihren Wünschen, Ideen und Vorstellungen. Die Wochen und Monate vor Ihrer Hochzeit werden bestimmt ziemlich hektisch und turbulent. Unzählige

Entscheidungen müssen gefällt werden. Tausend Gedanken wirbeln durch den Kopf, Dinge, die Sie unter keinen Umständen vergessen dürfen.

Überschwang der Gefühle

Bemerken Sie es vielleicht schon bei sich, dieses seltsam prickelnde Gefühl von Vorfreude, das gigantische Energie verleiht und ungeahnte Kräfte freisetzt? Vielleicht fühlen Sie auch Ängste, Zweifel, manchmal sogar Panik – keine Sorge, das gehört dazu und ist völlig normal in dieser emotionsgeladenen Zeit. Ihre Hochzeit wird die unterschiedlichsten Gefühle in Ihnen hervorrufen – schließlich haben Sie und Ihr Partner sich füreinander entschieden, um Ihre Zukunft gemeinsam zu gestalten.

> *Jedem Anfang wohnt ein Zauber inne.*
>
> HERMANN HESSE

Lassen Sie sich begleiten!

Gerade jetzt wünscht man sich Freunde, denen man vertrauen kann. Man möchte ernst genommen werden, hat unendlich viele Fragen und ist ständig auf der Suche nach ausgefallenen Ideen. Damit Sie Ihre Traumvorstellungen in die Wirklichkeit umsetzen können, unterstützen wir Sie mit diesem Buch von Anfang an bei Planung, Vorbereitung und Organisation Ihrer Hochzeit. Wir zeigen Ihnen verschiedene Möglichkeiten, die Hochzeitsfeier zu gestalten, und geben Ihnen einen Einblick, wie in anderen Kulturkreisen dieses besondere Fest gefeiert wird. Wir begleiten Sie in den spannenden und erwartungsvollen Wochen und Monaten, geben nützliche Anregungen, beantworten auftretende Fragen und helfen Ihnen, sich im Formalitätendschungel zurechtzufinden.

Mit all diesen Informationen wird Ihnen der Start in Ihre gemeinsame Zukunft gelingen. Und wenn schon Ihr großer Tag mit so viel Liebe und so phantasievoll gestaltet wird, werden Sie sich den Zauber Ihrer Ehe sicher noch lange bewahren können…

Trotz Hektik in der turbulenten Zeit vor der Hochzeit sollte man sich Zeit nehmen, die Gestaltung des gemeinsamen Lebens zu planen.

Die vielen Gänge zu Behörden, die Beschaffung von Papieren, die Suche nach dem richtigen Festlokal und die Gestaltung der Hochzeitsfeier erfordern gute Planung und Organisation.

Verliebt, verlobt, verheiratet…

*Die Liebe ist ein luftiges,
oft wandelbares Ding –
ein Gefühl, das sich kaum
in Worte fassen läßt.
Mit Heiratsantrag und
Verlobung bekunden
zwei Menschen einander,
daß sie zusammengehören.*

Heiratsantrag und Verlobung

Stefanie ist enttäuscht. Peters Heiratsantrag war ziemlich unspektakulär. In Gedanken sieht Stefanie die junge Scarlett vor sich: Es klingelt an der Tür. Rhett Butler erklärt Scarlett, daß er sie schon lange liebt. Der Zeitpunkt seiner Liebeserklärung ist ziemlich unpassend, denn seine Angebetete hat gerade ihren zweiten Mann verloren. Sie schreit ihn an, daß er das Haus sofort wieder verlassen soll. Verzweifelt gesteht er ihr: »Ich möchte Dich heiraten! Glaubst Du mir denn erst, wenn ich vor Dir auf die Knie falle...«

Ist ein Heiratsantrag noch zeitgemäß?

Gibt es solche Heiratsanträge wie in Margaret Mitchells Roman »Vom Winde verweht« nur noch in Büchern oder auf der Leinwand, oder gehen Männer auch heute noch in die Knie? Bei den meisten Paaren sieht die Wirklichkeit ganz anders aus. Irgendwann, manchmal ganz unerwartet, fällt das Wort Ehe. Man unterhält sich darüber, wägt kritisch das Für und Wider gegeneinander ab und versucht, gemeinsam zu einem vernünftigen Entschluß zu kommen. Allerdings hat der derzeitige Trend zur Romantik den etwas in Vergessenheit geratenen Heiratsantrag zurückgebracht, obwohl die Zeiten natürlich lange vorbei sind, in denen der Bräutigam beim Vater der Braut ganz offiziell um die Hand seiner Zukünftigen anhalten mußte. Neuerdings hört man von phantasievollen, einfallsreichen Männern, die auf ganz besondere Art die entscheidende Frage stellen. Gerade moderne und selbstbewußte Frauen möchten wieder in aller Form gebeten werden. Zwar sind auch heute noch die Rollen eher traditionell verteilt, und in den meisten Fällen sind es Männer, die die entscheidende Frage stellen. Sie können aber durchaus auch dem Beispiel der englischen Königin Viktoria folgen, die ihren Prinzen schon vor über 150 Jahren einfach selbst gefragt hat...

Liebt sie mich oder nicht? Ein Heiratsantrag beseitigt alle Zweifel.

Verlobung

Die »Ehe ohne Trauschein« ist längst nichts Ungewöhnliches mehr. Diese Form des Zusammenlebens wird heutzutage von der Umwelt nicht nur toleriert, sondern auch akzeptiert, und viele Paare leben vor ihrer Hochzeit meist schon einige Zeit zusammen. Daher ist es heute nicht mehr selbstverständlich, sich vor der Hochzeit ganz offiziell zu verloben.

Umfragen zeigen jedoch eine deutliche Tendenz: Werte wie Liebe, Treue und Geborgenheit sind wieder aktuell, und die Verlobung gilt nicht mehr als antiquiert wie noch vor wenigen Jahren. Ganz im Gegenteil: Das Bekenntnis zu großen Gefühlen, zum Partner und zur Familie liegt wieder im Trend, und mit der Verlobung versprechen zwei Menschen, einander zu heiraten.

Eine notwendige Voraussetzung für eine rechtmäßige Heirat war die Verlobung übrigens nie. Trotzdem galt sie noch vor wenigen Jahrzehnten als gesellschaftliches Muß. Mit Romantik hatte sie nicht immer zu tun. Bis in die Mitte der sechziger Jahre machte die Verlobung eine Liebesbeziehung überhaupt erst möglich, denn alles, was mit Sexualität zu tun hatte, war nur unter dem Aspekt der Ehe erlaubt.

Wo man am meisten fühlt, weiß man nicht viel zu sagen.

ANNETTE VON DROSTE-HÜLSHOFF

Von Brautschau und Brautkauf

Zu Zeiten unserer Urgroßeltern ging der Mann auf »Brautschau«. Meist ging es dabei nicht so sehr um die Braut als um das, was sie als Mitgift in die Ehe brachte. Das Feilschen zwischen Brautvater und Ehemann war nichts Ungewöhnliches. Wenn die Braut Glück hatte, durfte auch sie ein paar Worte bei der Wahl ihres Zukünftigen mitreden... Sehr realistisch nannte man die Verlobung daher oft »Brautkauf«. Es handelte sich meist um einen mündlichen Vertrag, der mit Handschlag besiegelt wurde. Reste dieser vorehelichen Vereinbarungen und Absprachen zwischen Männern leben weiter, wenn der Bräutigam beim Vater der Braut um die Hand der Tochter anhält. Im Zeitalter der Gleichberechtigung und der freien Entscheidung ist diese Sitte absolut inhaltslos geworden. Sie sollten Ihre Eltern natürlich gemeinsam besuchen und ihnen von Ihren Heiratsabsichten erzählen. Bei der Gelegenheit können Sie auch gleich Ihren zukünftigen Partner vorstellen, falls Ihre Eltern ihn nicht schon längst kennengelernt haben.

Frauen von heute haben bei der Partnerwahl viel mehr Entscheidungsfreiheit als noch vor einigen Jahrzehnten.

In vielen Herrscherhäusern war die Verlobung von Kindern ein probates Mittel, politische Allianzen einzugehen und damit den eigenen Machtbereich zu festigen oder gar auszuweiten.

Früher war die Verlobung häufig ein Vertrag zwischen den Eltern der Brautleute, um deren künftige Erb- und Vermögensverhältnisse zu regeln. Heute ist eine Verlobung nicht mehr zwingend, doch Paare bekennen sich auch vor der Hochzeit gerne offiziell zueinander.

Die Verlobungszeit kann nützlich sein, einander wirklich kennenzulernen und besser zu verstehen. Besprechen Sie mit Ihrem Partner Ihre Vorstellungen von Ehe und Partnerschaft. Reden Sie auch über Ihre Erwartungen und Ängste, die bei diesem bedeutenden Schritt nicht ausbleiben können.

Die rechtliche Seite der Verlobung

Egal, ob groß gefeiert und in aller Öffentlichkeit bekanntgegeben oder jahrelang geheimgehalten; ob mit einem Ring oder einem stürmischen Kuß besiegelt – die Verlobung ist das Versprechen zweier Menschen, einander zu heiraten! Eine Verlobung gilt vor dem Gesetz als Vertrag; auf die Frage, ob Verlobte als Verwandte gelten, gibt der Gesetzgeber keine eindeutige Antwort. Im Sinne der Strafgesetze sind sie Angehörige.

Das Heiratsversprechen kann allerdings nicht erzwungen oder eingeklagt werden. Sechs Paragraphen des Bürgerlichen Gesetzbuches beschäftigen sich mit dem Eheversprechen. An vorderster Stelle stellt § 1297 klar:

»(1) Aus einem Verlöbnis kann nicht auf Eingehung der Ehe geklagt werden. (2) Das Versprechen einer Strafe für den Fall, daß die Eingehung der Ehe unterbleibt, ist nichtig.«

Im Klartext bedeutet das, daß eine Verlobung jederzeit wieder gelöst werden kann. Einer der obersten Grundsätze der Eheschließung ist die Freiwilligkeit, und diese wäre nicht mehr gewährleistet, wenn der widerspenstige Partner mit Gewalt zum Standesamt geschleppt werden könnte.

»Verlöbnis« – juristisch gesehen

- Mit der Verlobung wird juristisch ein Vertrag geschlossen.
- Nach dem Strafgesetz gelten Verlobte als Angehörige, und sie können vor Gericht die Aussage verweigern.
- Fahrten zum entfernt lebenden Partner können als Werbungskosten abgesetzt werden.
- Von der Erbschaftsteuer wiederum werden sie wie Fremde behandelt, und die Kinder von Verlobten gelten als nichtehelich.
- Verlobte sind – wie Ehepaare – zu gegenseitiger Hilfe, jedoch nicht zu regelmäßigen Unterhaltszahlungen verpflichtet.
- Eheverträge können bereits während der Verlobungszeit geschlossen werden, sind aber erst rechtskräftig, sobald die Ehe geschlossen wird.
- Aus einer Verlobung kann nicht auf Eheschließung geklagt werden; allerdings kann das Lösen der Verlobung rechtliche Konsequenzen nach sich ziehen (z. B. Schadensersatz für unnötig gewordene Ausgaben).
- Schadensersatz kann im allgemeinen nur dann gefordert werden, wenn der andere Partner durch eigenes Verschulden die Verlobung löst. Stellen die Verlobten jedoch einvernehmlich fest, daß sie einander nicht heiraten wollen, haben sie gegenseitig keine Schadensersatzansprüche.

Lösen der Verlobung

Löst einer der Partner die Verlobung, kann das allerdings rechtliche Konsequenzen nach sich ziehen. Beispielsweise muß er dem Ex-Partner oder dessen Familie die Schäden ersetzen, die in direktem Zusammenhang mit der geplatzten Hochzeit stehen. Derjenige, der verlassen wurde, kann durchaus Schadensersatz für das schon gekaufte Hochzeitsoutfit verlangen. Schadensersatzpflichtig ist der Partner allerdings nur dann, wenn er die Verlobung ohne wichtigen Grund gelöst hat. Verlobungsgeschenke müssen zurückgegeben werden. Übrigens gilt das auch für Liebesbriefe: Wer die Verlobung löst, darf nicht überrascht sein, wenn der enttäuschte Ex-Partner seine Liebesbotschaften wiederhaben möchte...

Die Verlobung kann man ganz romantisch zu zweit oder im großen Stil mit Freunden und Familie feiern.

Verlobung – ein Grund zum Feiern!

Die Verlobung – für Juristen ein mündlicher Vertrag, für das Paar das Ende der Unverbindlichkeit. Auf jeden Fall ist die Verlobung ein Grund zum Feiern. Lassen Sie sich bei der Gestaltung Ihrer Verlobungsfeier nicht von gesellschaftlichen Konventionen einengen – Sie beide feiern den Auftakt Ihres öffentlichen Bekenntnisses, miteinander zu leben.

Gestaltungsideen

- Ein romantisches Wochenende zu zweit, bei Kerzenlicht und langen Gesprächen, ist durchaus eine Alternative zum großen Fest.
- Gemütlich kann auch eine ungezwungene Einladung zum Essen, zum Brunch oder zum ausgiebigen Kaffeeklatsch sein. Bei dieser Gelegenheit können sich die Familien schon vor der Hochzeit ein wenig beschnuppern. Man kommt sich näher und lernt sich kennen. Für das Brautpaar ist es aufschlußreich und äußerst interessant, die zukünftigen Schwiegereltern im Umgang mit dem Partner zu beobachten.
- Bei einem feierlichen Verlobungsessen im engsten Familienkreis sitzt die Mutter der zukünftigen Braut neben dem Verlobten ihrer Tochter, der Vater der Braut in spe nimmt neben seinem zukünftigen Schwiegersohn Platz. In der Regel hält der Vater der Verlobten eine kurze Ansprache, in der er die Gäste begrüßt und die Verlobung bekanntgibt. Anschließend wird der Verlobte seiner Freundin – und umgekehrt – den Verlobungsring an den Ringfinger der linken Hand stecken.

Die Gestaltung der Verlobungsfeier kann sehr unterschiedlich ausfallen. Heimliche Verlobung oder ausschweifendes Fest – Ihre persönlichen Vorlieben entscheiden.

Es gibt viele Möglichkeiten, eine Verlobung bekanntzugeben: eine handgeschriebene Mitteilung oder eine Zeitungsanzeige, witzige, schlichte oder traditionelle Texte, einfache oder aufwendige graphische Gestaltung. Was gefällt Ihnen?

In Deutschland ist der Ringwechsel zwischen Verlobten erstmals im 11. Jahrhundert bezeugt.

Festlicher Empfang

Wer seinen Abschied vom Singledasein im größeren Rahmen feiern möchte und dazu Freunde, Verwandte, Arbeitskollegen und vielleicht auch Nachbarn einlädt, kann einen Empfang geben. Freunde und Verwandte des Paares, die einander fremd sind, haben dabei die Möglichkeit, sich kennenzulernen. Feiern können Sie im Restaurant, bei Ihren Eltern oder in der eigenen Wohnung – je nachdem, wo genügend Platz vorhanden ist. Normalerweise stehen die Gäste beim Empfang, was den Vorteil hat, daß man leichter miteinander ins Gespräch kommt als bei einer festgelegten, starren Sitzordnung, wo alle an einer großen Tafel Platz genommen haben. Denken Sie daran, wenigstens für ältere Gäste ein paar Sitzmöglichkeiten bereitzustellen. Zum Glas Sekt, Prosecco oder Champagner gibt es Canapés, kleine Häppchen, die auch ohne Messer und Gabel gegessen werden können und nicht gleich beim ersten Bissen die Krawatte oder Seidenbluse beschmutzen.

Termin und Ort

Am Wochenende, vor allem am Samstag, läßt es sich am besten feiern; fast alle haben Zeit und müssen am nächsten Tag nicht arbeiten. Bei einem Empfang legt man oftmals schon auf der Einladung fest, wie lange die Feier dauern soll – beispielsweise von 11 bis 15 Uhr. Das hat den Vorteil, daß die Gäste zu verschiedenen Zeiten kommen können und Sie nicht alle Blumensträuße auf einmal entgegennehmen müssen.

Denken Sie auf jeden Fall daran, einen kleinen Tisch bereitzustellen, auf dem Sie die Geschenke ablegen können. (Vergessen Sie nicht, auf jedes Päckchen den Namen des Schenkenden zu schreiben, denn Tante Heide wird es nicht so schnell verzeihen, wenn Sie sich für die mühsam selbstgetöpferte Salatschale überschwenglich bei Ihrer Freundin Carolin bedanken...) Ihr kleines schriftliches Dankeschön, in Form einer persönlichen Karte, sollte nicht länger als drei Wochen nach der Feier auf sich warten lassen! (Mehr über Einladungen und Danksagungen erfahren Sie auf den Seiten 58 und 149.)

Einladungen

Wenn Sie im kleinen Kreis feiern, werden Sie vielleicht die Einladungen selbst schreiben oder auf vorgedruckte Einladungskarten zurückgreifen. Es gibt sie in vielen Gestaltungsvariationen, und Sie brauchen nur noch Ihre Namen und Termine einzutragen. Schöner, aber natürlich auch teurer ist es, die Einladungen zur Verlobung drucken zu lassen. Sie können eine Gestaltung wählen, die Sie in Ihren Einladungen zur Hochzeitsfeier, bei

Tisch- und Menükarten und den Danksagungen wieder aufgreifen – so geben Sie Ihrem Hochzeitsfest eine einheitliche gestalterische Linie.

Traditionell informierten die Brauteltern über die Verlobung ihrer Tochter – etwa mit der Formulierung »Wir freuen uns, die Verlobung unserer Tochter Katharina mit Peter Kornfeld bekanntzugeben«. Dies wirkt heutzutage meist antiquiert, und es ist daher üblich, daß das Paar selbst die Verlobung anzeigt. Der schlichte Text könnte lauten: »Wir geben unsere Verlobung bekannt«, »Wir verloben uns« oder »Ihre Verlobung zeigen an«. Es folgen der Name der zukünftigen Braut, dann der ihres Partners. Abschließend werden Ort und Termin der Feier genannt.

Ein Empfang gibt Freunden und Bekannten die Gelegenheit, persönlich zu gratulieren.

Verlobungsanzeigen?

Verlobungsanzeigen verschickt man, um jemanden von der Verlobung zu informieren, ohne ihn zu einer Feier einzuladen – weil Sie darauf verzichten oder nur im engsten Kreis feiern möchten. Es gibt heutzutage jedoch keine Verpflichtung mehr, eine Verlobung bekanntzugeben oder gar eine Anzeige in die Zeitung zu setzen. Haben Sie sich dennoch dafür entschieden, können Sie einen ähnlichen Text wie für Einladungskarten wählen. Veröffentlichen Sie Ihre Verlobungsanzeige in der regionalen Tageszeitung oder verschicken Sie die Kärtchen an alle, die von Ihrer Verlobung erfahren sollten.

Eingeladen oder nur informiert?

Für den Empfang von Verlobungskarten gilt folgende Grundregel: Erhält man eine Karte mit dem Hinweis auf eine Feier, ist man dazu eingeladen. Fehlt dieser Hinweis in der Verlobungsanzeige, wird man nur informiert. Als höfliche Geste sollte man aber trotzdem eine Karte mit persönlichen Glückwünschen oder eventuell einen Blumenstrauß an das Paar schicken.

Mit einer Verlobungsanzeige informiert man von seiner Verlobung, ohne zu einem Fest einzuladen.

Laute(r) Scherben – Polterabend

Der Abschied vom Singleleben und der Eintritt in die Ehe sind wichtige Ereignisse, die natürlich gebührend gefeiert werden müssen – und zwar nicht nur während des offiziellen Hochzeitsfestes mit all den Verwandten. Viel ausgelassener und ungezwungener feiert es sich beim inoffiziellen Polterabend, bei dem man es noch einmal so richtig krachen lassen kann.

Scherben bringen Glück – aber es müssen natürlich die richtigen sein. Beim Polterabend, einem alten heidnischen Brauch, der früher pünktlich um Mitternacht zu Ende ging, dürfen auf keinen Fall Spiegel oder Glas zu Bruch gehen, denn das bringt Unglück! Porzellan, Schalen aus Steingut, Teller und Tongefäße sollen dagegen mit lautem Klirren und krachendem Getöse in tausend Scherben zersplittern. Der Lärm der auseinanderberstenden Teile sollte böse Geister vertreiben, damit sie das Hochzeitsglück nicht stören konnten.

Lautes Zerschlagen von Porzellan ist einer von zahlreichen Bräuchen, um das Brautpaar vor bösen Geistern zu beschützen.

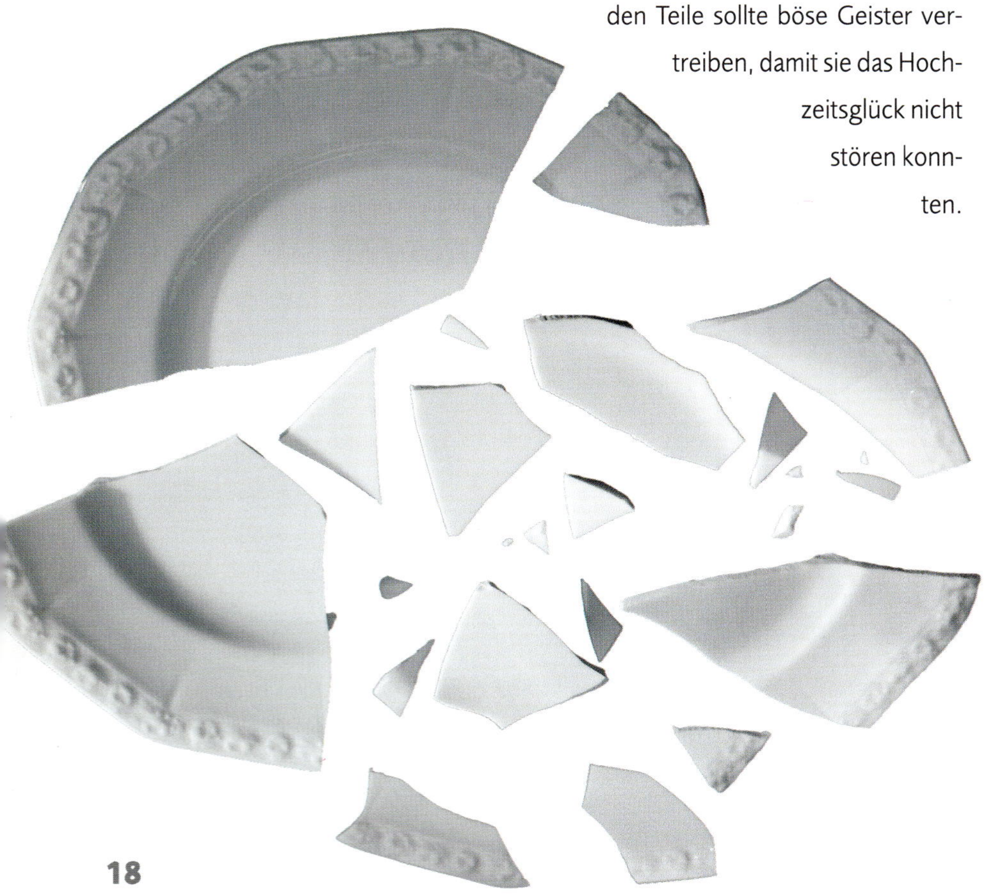

Das Poltern soll bis in alttestamentarische Zeiten zurückgehen, bezeugt ist dieser Brauch seit dem 16. Jahrhundert. Früher maskierten sich die Polterer häufig, damit die bösen Geister nicht erkennen konnten, wer sie verjagt.

Angst um das eigene Geschirr?

Sollte Ihnen beim Anblick der mit Unmengen von Geschirr beladenen Freunde etwas mulmig werden, denken Sie daran, daß Ihre Ehe um so besser wird, je mehr Scherben es gibt! Wenn Sie anschließend auch noch alles gemeinsam mit Ihrem zukünftigen Partner zusammenfegen, kann Ihrem Glück eigentlich nichts mehr im Wege stehen…

Früher polterte man mit altem, angeschlagenem Geschirr, das sich in fast jedem Haushalt finden ließ. Heutzutage greift man lieber zu billigen Tassen und Tellern, die man eigens für den Polterabend kauft.

Wann und wie feiern?

Wer zu langen Nächten neigt, wählt für den Polterabend nicht gerade den Abend vor der Hochzeit. Müde, verkatert und verquollen sollte man nicht den ersten Schritt in ein neues

Leben machen. Und beim Polterabend verabschiedet man sich ja von einem Lebensabschnitt, der zu Ende geht, um sich auf etwas völlig Neues und Spannendes einzulassen!

Den Polterabend feiert man traditionell ganz zwanglos und spontan mit Freunden, die man nicht eigens einlädt. Ursprünglich wurde beim Poltern der zukünftige Bräutigam von seinen Freunden aus der Junggesellenrunde verabschiedet.

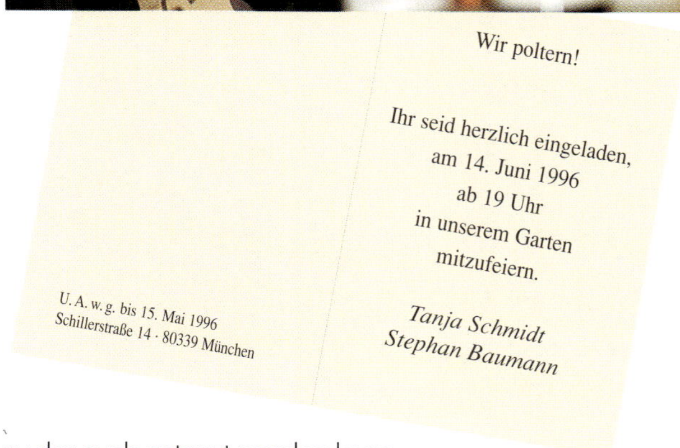

Wir poltern!

Ihr seid herzlich eingeladen,
am 14. Juni 1996
ab 19 Uhr
in unserem Garten
mitzufeiern.

Tanja Schmidt
Stephan Baumann

U. A. w. g. bis 15. Mai 1996
Schillerstraße 14 · 80339 München

Wie an Silvester symbolisiert das Trinken von Sekt den Übergang vom alten in einen neuen Lebensabschnitt.

Polterhochzeit

Ein festlich gestalteter Polterabend kann auch die klassische Hochzeitsfeier ersetzen. Die Vorbereitungen dafür sollten dann etwas üppiger ausfallen. Sie können Freunde, Verwandte, Nachbarn und Arbeitskollegen dazu einladen. Die schriftliche Einladung sollte etwa drei Monate vorher verschickt werden. Um sinnvoller planen zu können, vergessen Sie den kleinen Zusatz U.A.w.g. (Um Antwort wird gebeten) nicht. Geben Sie am besten einen festen Termin an, damit sich Ihre Gäste rechtzeitig telefonisch oder schriftlich bei Ihnen melden. Machen Sie sich aber darauf gefaßt, daß auch unerwartete Besucher – etwa entfernte Bekannte – vor der Tür stehen, denn den Polterabend feiert man ja traditionell mit spontan vorbeikommenden Freunden.

Wo man feiert

Sie können entweder in der gemeinsamen Wohnung des Brautpaares, bei den Eltern, im Restaurant oder Hotel, einem Vereinsheim oder bei schönem Wetter auch in einem Zelt im Garten feiern. Sorgen Sie rechtzeitig für gute Musik (Live-Band, CDs oder Kassetten), zu der auch getanzt werden kann.

Eine Polterhochzeit ist eine gute Gelegenheit, die Menschen einzuladen, die Ihnen zwar am Herzen liegen, die Sie aber nicht zum eigentlichen Hochzeitsfest einladen (weil dort beispielsweise nur die engste Familie zusammenkommt).

Schon jetzt Geschenke

Laden Sie zur Polterhochzeit ein, sollten Sie darauf gefaßt sein, daß Sie von Gästen, die an der Hochzeitsfeier selbst nicht teilnehmen, ein Geschenk erhalten. Denken Sie also daran, einen Geschenketisch aufzustellen und auf jedem Präsent gleich zu vermerken, von wem es stammt. Ein nettes Dankeschön einige Tage später sollte für Sie selbstverständlich sein.

Beim Polterabend geben Sie als Brautpaar Ihre Gastgeberrolle in gewissem Maße ab – sind Sie doch mit Poltern und Zusammenkehren beschäftigt. Gestalten Sie die Feier daher unkompliziert, so daß sich die Gäste auch ohne Ihre Betreuung wohl fühlen.

Lieber Recht als schlecht

Den bedeutendsten Entschluß haben Sie schon gefaßt: Sie werden heiraten! Die Eheschließung ist jedoch keine reine Privatangelegenheit. Es gibt gesetzliche Regelungen, die jedes Brautpaar betreffen.

AGB-Gesetz
ProdukthaftungsG
VerbraucherkreditG
Ehegesetz
dtv

Eheverträge

Verträge – meist eine ziemlich ernüchternde Sache. Wer denkt schon ausgerechnet bei den Hochzeitsvorbereitungen an Vermögensaufteilung, Trennung oder Scheidung? Gerade frischverliebte Paare stehen Eheverträgen mit recht zwiespältigen Gefühlen gegenüber. Man fühlt sich gekränkt und wertet den Gang zum Notar (Eheverträge müssen dort von beiden Partnern unterzeichnet werden) als Zeichen von Mißtrauen. Oftmals fangen die flatternden Schmetterlinge im Bauch vieler Verliebter dann plötzlich an zu kneifen...

Der Wunsch, die finanziellen Verhältnisse in der Ehe vertraglich zu regeln, spricht für Realitätssinn und Verantwortungsbewußtsein.

Es ist jedoch zeitgemäß und verantwortungsvoll, sich Gedanken über die Zukunft zu machen. Gerade wer sich liebt, sollte versuchen, sich verträglich und vertraglich über die wichtigen Dinge zu einigen. Und für den schlimmsten Fall, eine Scheidung, erspart man sich nervenaufreibende Auseinandersetzungen um den alten Barockschrank oder das neue Auto, wenn man bereits in guten Tagen alles einvernehmlich geregelt hat.

Durch einen Ehevertrag können Sie Ihre güterrechtlichen Verhältnisse in der Weise regeln, daß Sie nach der Eheschließung den gesetzlichen Güterstand (die Zugewinngemeinschaft) aufheben oder ändern. Wenn Sie wünschen, können Sie im Vertrag zusätzlich weitere Einzelheiten regeln – beispielsweise festsetzen, wer die Kinder erzieht, oder die Aufteilung der Hausarbeit bestimmen. Der weitaus wichtigste Grund ist für die meisten Paare jedoch die Festlegung eines Güterstands.

Wir möchten an dieser Stelle darauf hinweisen, daß das Eherecht sehr komplex ist, und wir daher nur eine ziemlich verkürzte und vereinfachte Darstellung zur ersten Orientierung geben können. Einzelheiten sollten Sie auf jeden Fall mit einem Notar oder Rechtsanwalt besprechen.

Festlegung des Güterstands

Der Güterstand legt fest, was mit dem jeweiligen Vermögen und Eigentum, das von Braut und Bräutigam mit in die Ehe gebracht wird, nach der Hochzeit geschieht. Gehört ihre Eigentumswohnung nun beiden Ehepartnern gemeinsam, oder darf nach der Hochzeit weiterhin allein nur der darüber verfügen, der sie in die Ehe eingebracht hat? Die unterschiedlichen Güterstände regeln außerdem, wie das gemeinsame, während der Ehe erwirtschaftete Vermögen im Falle einer Trennung aufgeteilt werden soll.

Selbständige können beispielsweise ihr betriebliches Vermögen aus dem Zugewinn ausschließen, damit im Falle einer Scheidung zumindest die berufliche Existenz nicht gefährdet ist. Oftmals werden Eheverträge deshalb geschlossen, damit sich bei einer Trennung die finanziellen Verpflichtungen dem Ex-Partner gegenüber in Grenzen halten. Seit der Eherechtsreform im Jahr 1977 ist nämlich der finanziell stärkere Partner im Fall einer Scheidung unter Umständen zu erheblichen Zahlungen an den finanziell schwächeren Partner verpflichtet.

Durch einen notariellen Ehevertrag können Eheleute spezielle Regelungen, die auf die jeweiligen persönlichen Verhältnisse abgestimmt sind, vereinbaren.

Rechtlich unterscheidet man insgesamt drei verschiedene Güterstände, unter denen Sie wählen können. Hier ein kleiner Überblick:

> *Gesetze werden gemacht, damit der Stärkere seinen Willen nicht in allen Dingen durchsetzt.*
>
> OVID

Zugewinngemeinschaft

Der gesetzliche Güterstand ist die Zugewinngemeinschaft. Das heißt, daß er automatisch dann in Kraft tritt, wenn nichts anderes vereinbart wurde. Keine Sorge – es besteht auch noch während der Ehe und sogar rückwirkend die Möglichkeit, sich abweichend vom gesetzlichen Güterstand für Gütertrennung oder Gütergemeinschaft zu entscheiden.

Bei der Zugewinngemeinschaft behält jeder Ehepartner das, was er an persönlichem Vermögen und Eigentum mit in die Ehe gebracht hat, auch nach der Trauung. Der Ausdruck »Gemeinschaft« bezieht sich nicht auf das gesamte Vermögen der Partner, sondern auf den Zugewinn, also den Vermögenszuwachs während der Ehe (Vermögen zum Zeitpunkt der Scheidung abzüglich Vermögen zum Zeitpunkt der Eheschließung). Jeder Ehepartner kann sein Vermögen selbständig verwalten. Trotzdem ist die persönliche Entscheidungsfreiheit teilweise eingeschränkt: Zwar wird die beispielsweise von der Braut in die Ehe eingebrachte Eigentumswohnung, die das Paar gemeinsam bewohnt, auch nach der

Auf dem Braut- oder Kammerwagen wurde früher die Mitgift der Braut zum Haus des Bräutigams gefahren.

So privat Ihre Entscheidung, eine Ehe einzugehen, auch ist – Sie schließen gleichzeitig viele Verträge, die im Bürgerlichen Gesetzbuch (BGB) dargelegt sind.

Gütertrennung, Zugewinngemeinschaft oder Gütergemeinschaft – die Beratung eines Fachmanns hilft bei der richtigen Entscheidung.

Verträge schaffen Sicherheit, und die Vereinbarung eines von der Zugewinngemeinschaft abweichenden Güterstands ist besonders dann sinnvoll, wenn beide Partner berufstätig sind, etwa gleich viel verdienen und sich ähnliche Aufstiegschancen abzeichnen.

Eheschließung nicht gemeinsames Vermögen der Ehepartner. Trotzdem darf sie diese Wohnung ohne die Zustimmung ihres Ehemannes nicht einfach verkaufen. Damit soll verhindert werden, daß einer Familie die wirtschaftliche Grundlage entzogen wird oder daß einer der Partner grob gegen die Interessen des anderen verstößt.

Die Zugewinngemeinschaft wird beispielsweise durch Scheidung, Todesfall oder den Abschluß eines veränderten Ehevertrags beendet. Nehmen wir den Scheidungsfall an – dann wird abgerechnet, im wahrsten Sinne des Wortes: Derjenige Ehepartner, der den höheren Zugewinn erzielt hat, muß die Hälfte des Betrags, um den sein Zugewinn den seines Partners übersteigt, als Zugewinnausgleich bezahlen.

Beispiel: Der Bräutigam besitzt zum Zeitpunkt der Eheschließung ein Grundstück im Wert von 300 000 DM, die Braut bringt in die Ehe ein Haus im Wert von 550 000 DM ein. Zum Zeitpunkt der Scheidung ist der Wert des Grundstücks auf 350 000 DM und der des Hauses auf 700 000 DM gestiegen. Der Zugewinn des Ehemanns beträgt 50 000 DM, der der Ehefrau 150 000 DM. Der Zugewinn der Ehefrau übersteigt den Zugewinn des Ehemanns somit um 100 000 DM. Sie muß daher an ihren Mann als Zugewinnausgleich einen Betrag von 50 000 DM bezahlen.

Besonderheiten: Vom Zugewinn ausgeschlossen sind Erbschaften und Geschenke von Dritten; wie das Anfangsvermögen, das der einzelne in die Ehe mitgebracht hat, werden diese Vermögenszuwächse nicht in den Zugewinnausgleich einbezogen – wohl aber etwaige Wertsteigerungen! Ein Haus, das Sie beispielsweise während der Ehe erben oder schon vorher besessen haben, kann nach mehreren Ehejahren bedeutend an Wert gewonnen haben. Und diese Wertsteigerung (nicht aber der Gesamtwert des Hauses) muß dann im Falle einer Scheidung mit dem Partner geteilt werden. Sollte also bei einem der beiden Ehegatten ein größeres Vermögen vorhanden oder zu erwarten sein und soll der Partner daran beteiligt werden, dann tun Sie gut daran, über die Wahl eines anderen Güterstandes nachzudenken.

Die Zugewinngemeinschaft orientiert sich an der traditionellen »Hausfrauen«-Ehe, bei der ein Partner seinen Beruf aufgibt, um sich der Kindererziehung und dem Haushalt zu widmen. Sollten Sie also vorhaben, Mutterschutz und Kindererziehungszeiten in Anspruch zu nehmen, fahren Sie mit dem gesetzlichen Güterstand gut. Selbstverständlich gilt das auch für Männer, die zugunsten der Familie aus dem Berufsleben ausscheiden.

Gütertrennung

Vereinbaren die Ehepartner Gütertrennung, bedeutet das, daß es grundsätzlich kein gemeinsames Vermögen gibt. Ausnahmsweise kann gemeinsames Vermögen jedoch durch entsprechende Verträge erworben werden. Dies ist beispielsweise der Fall, wenn beide Ehepartner beim Kauf einer Immobilie (Haus, Eigentumswohnung) die erforderlichen Verträge gemeinsam unterschreiben. Wird infolge dieser Verträge das Eigentum an der Immobilie auf beide Ehepartner übertragen, so kann jeder von ihnen frei und ohne die Zustimmung des anderen über seinen Miteigentumsanteil verfügen. Jeder kann seinen Anteil verkaufen, verschenken, verpfänden oder vererben, ohne auf die Zustimmung des Partners angewiesen zu sein.

Im Falle einer Scheidung muß der jeweilige Zugewinn nicht geteilt werden, d. h., was jeder Ehepartner während der Ehe verdient oder gekauft hat, gehört ihm allein. Das kann sich dann verhängnisvoll auswirken, wenn einer der Partner nicht berufstätig war. Oft sind es Frauen, die wegen Familie und Kinderwunsch ihre eigene Karriere zurückstellen. Sie erhalten bei Gütertrennung nichts vom Vermögenszuwachs des berufstätigen Partners.

Es gibt keinen Güterstand, der für alle Ehepaare gleich gut geeignet ist. Überlegen Sie genau, ob beide Partner berufstätig sein werden oder ob einer von Ihnen ein größeres Erbe erwartet – und halten Sie dann in Ihrem Ehevertrag die für Sie geeigneten Regelungen fest.

Die verschiedenen Güterstände

GÜTERTRENNUNG

- Bei Gütertrennung behält jeder Ehepartner das, was er mit in die Ehe gebracht oder danach erworben hat. Ein gemeinsames Vermögen gibt es nicht.
- Wer seinen Beruf zugunsten der Familie aufgibt, sollte diesen Güterstand auf keinen Fall wählen.
- Er ist dann empfehlenswert, wenn beide Partner eigenes Vermögen besitzen und finanziell nicht voneinander abhängig sind.

ZUGEWINNGEMEINSCHAFT

- Nach der Hochzeit tritt automatisch der gesetzliche Güterstand der Zugewinngemeinschaft in Kraft, wenn die Partner nicht durch Ehevertrag etwas anderes vereinbaren.
- Jeder behält dabei sein in die Ehe gebrachtes Vermögen, nur der Zugewinn (Vermögen zum Zeitpunkt der Scheidung abzüglich Vermögen zum Zeitpunkt der Eheschließung) ist bei einer Scheidung ausgleichspflichtig.
- Derjenige Ehepartner, der keinen oder einen geringeren Zugewinn erzielt hat, erhält dann die Hälfte des Überschusses des anderen Partners.
- Zu empfehlen ist dieser Güterstand vor allem für Ehen mit traditioneller Rollenverteilung.

GÜTERGEMEINSCHAFT

- Entscheiden sich die Ehepartner für eine Gütergemeinschaft, legen sie ihr gesamtes Einkommen zusammen und verfügen gemeinsam darüber.
- Achtung: Auch Schulden werden gemeinsam getragen!
- Zu empfehlen ist dieser Güterstand für den Ehepartner, der selbst keinerlei Einkommen oder Vermögen hat.

Eheverträge können, soweit sie sich im gesetzlichen Rahmen bewegen, die verschiedensten Bestimmungen enthalten. Neben den materiellen Bedingungen können auch andere Vereinbarungen des ehelichen Zusammenlebens festgehalten werden.

Gütergemeinschaft

Entscheidet sich das Ehepaar für die Gütergemeinschaft, gehört sowohl vorhandenes als auch während der Ehe erworbenes Vermögen beiden gemeinsam. Die Partner verfügen gemeinsam über ihren Besitz; soll beispielsweise ein Haus verkauft werden, müssen beide Partner damit einverstanden sein. Im Falle einer Scheidung wird das Vermögen geteilt. Allerdings ist zu beachten, daß bei diesem Güterstand auch beide Partner für eventuelle Schulden haften!

*

Grundsätzlich können sämtliche Eheverträge im gesetzlichen Rahmen individuell verändert und ergänzt werden. Dabei ist es sinnvoll, Versorgungsausgleich, Unterhalt und Erbrecht in den Ehevertrag einzubeziehen.

Weitere Bestandteile eines Ehevertrages

Per Vertrag können Eheleute die verschiedensten Dinge des ehelichen Zusammenlebens regeln. Nachfolgend einige Beispiele, was vertraglich geklärt werden könnte:

Unterhalt von Angehörigen

Falls ein Partner ein Kind mit in die Ehe bringt, sollte geregelt werden, inwieweit es vom neuen Partner finanziell unterstützt wird. Ähnlich ist es mit bedürftigen Verwandten, die von einem Ehepartner finanziell unterstützt oder auch in den gemeinsamen Haushalt aufgenommen werden. Legen Sie das Ausmaß solcher Zuwendungen am besten in einem Ehevertrag fest, dann herrscht Klarheit. Was Sie jedoch nicht vertraglich regeln kön-

Abschluß eines Ehevertrages

- Ein Ehevertrag kann bereits vor der Hochzeit geschlossen werden, er tritt jedoch erst mit der standesamtlichen Trauung in Kraft. Er endet mit der Scheidung oder zu einem Zeitpunkt, den Sie im Vertrag festlegen können.
- Wenn Sie in Ihrem Vertrag Regelungen zum Güterstand treffen, also vom gesetzlichen Stand der Zugewinngemeinschaft abweichen, bedarf er der Mitwirkung durch einen Notar.
- Andere Bestimmungen, die beispielsweise die Kindererziehung oder die Aufteilung der häuslichen Pflichten betreffen, sollten aus Beweisgründen schriftlich festgehalten werden. Wenn Sie wünschen, können solche Regelungen auch in einen notariell zu beurkundenden Ehevertrag aufgenommen werden.
- Eheverträge können im gesetzlichen Rahmen individuell verändert werden.

Informationen zu ausländischen Ehegesetzen

- Bundesverwaltungsamt, Informationsstelle für Auslandstätige und Auswanderer, 50728 Köln, Tel. 0221/75 80
- Verband binationaler Familien und Partnerschaften IAF, Bundesgeschäftsstelle, Kasseler Straße 1a, 60486 Frankfurt/Main, Tel. 069/70750-87, -88 oder -89

nen, ist der Unterhalt, den ihr Partner für Kinder aus früheren Ehen oder für geschiedene Ehegatten zu zahlen hat. Das Gesetz bevorzugt nämlich frühere Ehen gegenüber späteren. Wenn Sie einen geschiedenen Partner heiraten, kann es Ihnen passieren, daß Sie mit Ihrem Einkommen zum Unterhalt des früheren Ehegatten und der Kinder aus früherer Ehe beitragen müssen. Davor kann Sie kein Ehevertrag schützen.

Berufsausbildung

Gerade bei sehr jungen Ehepaaren ist häufig die Berufsausbildung noch nicht ganz abgeschlossen. Wenn ein Partner studieren oder sich auf die Meisterprüfung vorbereiten will, wird meist der andere Partner für diese Zeit den gesamten Unterhalt bestreiten. Es hat weniger mit Mißtrauen als mit Lebenserfahrung zu tun, wenn in derartigen Ehekonstellationen per Vertrag ein finanzieller Ausgleich im Falle einer Scheidung vereinbart wird. Manche Paare einigen sich auch dahingehend, daß zuerst der eine Ehegatte, später der andere Studium oder berufliche Weiterbildung in Anspruch nehmen kann. Eine solche Regelung sollte ebenfalls dringend in einem Vertrag festgehalten werden.

Heirat mit einem Ausländer

Falls Ihr zukünftiger Partner einer anderen Glaubensrichtung angehört, können Sie sich auch in diesem Fall durch eine vertragliche Regelung eine Menge unangenehmer Überraschungen ersparen. Sollten Sie als deutsche Frau beispielsweise einen Staatsangehörigen aus einem Land mit islamisch geprägter Rechtsordnung heiraten, gilt für alle aus Ihrer Ehe resultierenden Rechtsbeziehungen deutsches Recht, wenn beide Ehepartner ihren gewöhnlichen Aufenthalt in Deutschland haben. Leben Sie dagegen mit Ihrem Mann in seiner Heimat, gelten die Eherechtsverhältnisse, wie sie der Islam regelt. Wie seit Jahrhunderten ist die Frau im Islam zu Unterordnung und Gehorsam verpflichtet. Es gibt aber die Möglichkeit, sich einen Teil der gewohnten Rechte zu sichern: durch den Abschluß eines Ehevertrages vor(!) der Trauung. Eheverträge sind in islamischen Ländern üblich und in allen Gesellschaftsschichten verbreitet. Was der Mann vor oder bei der Eheschließung verspricht, bindet ihn nach islamischer Rechtsnorm für die Dauer der Ehe; Vereinbarungen während der Ehe haben dagegen kaum Gewicht.

✳

Zu weiteren Details eines Ehevertrages können Sie sich in Fachliteratur (siehe Literaturliste im Anhang) informieren.

Stammt Ihr Partner aus einem anderen Kulturkreis, kommen weitere Rechtsfragen auf Sie zu, die der Klärung und Absicherung bedürfen.

In vielen anderen Kulturen ist der Abschluß eines Ehevertrages völlig normal und wird nicht wie häufig bei uns als Mißtrauen gegen den Partner und seinen ehrlichen Absichten gewertet.

Steuerliche Konsequenzen

In Erwartung romantischer Liebesgeschichten ist man immer wieder erstaunt, wenn das frischvermählte Paar nüchtern erzählt, daß die Steuerersparnis der Hochzeitsgrund gewesen sei. Bringt die Ehe tatsächlich finanzielle Vorteile? Grundsätzlich gilt, daß der Vorteil besonders groß ist, wenn sich die Einkommen der Ehepartner beträchtlich unterscheiden.

Auch steuerrechtlich kommen mit der Eheschließung einige Veränderungen auf Sie zu.

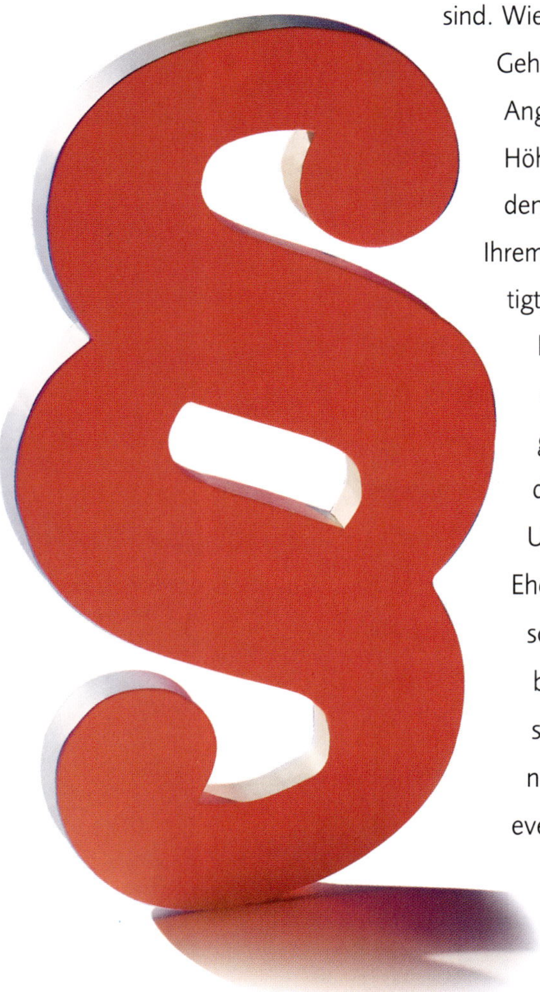

Die Ehe steht »unter dem besonderen Schutze der staatlichen Ordnung«. So steht es in Artikel 6 des Grundgesetzes. Dieser Schutz macht sich auch an der Höhe der Steuernachlässe bemerkbar, die Ihnen der Gesetzgeber zubilligt, wenn Sie verheiratet sind. Wieviel Steuer jeden Monat vom Gehalt abgezogen wird, hängt bei Angestellten nicht nur von der Höhe ihres Verdienstes ab. Bei den Berechnungen wird neben Ihrem Ehestand noch berücksichtigt, ob und wie viele Kinder Sie haben. Entscheidend ist die auf der Lohnsteuerkarte eingetragene Steuerklasse. Mit der Heirat ändert sich diese. Unterrichten Sie nach Ihrer Eheschließung deshalb die Personalabteilung Ihres Arbeitgebers und das Finanzamt so schnell wie möglich über Ihren neuen Familienstand und eine eventuelle Namensänderung (am besten legen Sie eine Kopie Ihrer Heiratsurkunde bei).

Die richtige Steuerklasse

Statt der Steuerklasse I kommen für Eheleute nun die Steuerklassen III, IV und V in Frage. Ist nur einer der Ehepartner berufstätig, hat er Steuerklasse III. Sind beide Ehepartner berufstätig, erhält jeder zunächst automatisch die Steuerklasse IV. Sie können sich aber auch für eine andere Steuerklassenkombination entscheiden, die besser auf Ihre Bedürfnisse zugeschnitten ist. Hier eine kleine Entscheidungshilfe zur Wahl der Steuerklasse:

Steuerklassenkombination IV/IV

Die Steuerklassenkombination IV/IV kann dann sinnvoll sein, wenn beide Ehepartner etwa gleich viel verdienen. Sind die Arbeitslöhne aber unterschiedlich hoch, bezahlen Sie beide bei dieser Kombination jeden Monat zuviel Steuern. Je stärker die Gehälter auseinanderliegen, desto ungünstiger ist diese Regelung. Sie geben dem Finanzamt Geld, das Ihnen zusteht, und erst am Jahresende erstattet Ihnen das Finanzamt zurück, was Sie jeden Monat zuviel bezahlt haben. Und dafür müssen Sie auch noch eine Veranlagung zur Einkommensteuer beantragen und entsprechende Formulare ausfüllen.

Steuerklassenkombination III/V

Bei der Steuerklassenkombination III/V wird der Ehepartner mit dem höheren Gehalt nach Steuerklasse III besteuert und hat dadurch geringere monatliche Abzüge. Derjenige mit dem niedrigeren Gehalt wählt die Steuerklasse V und hat dadurch automatisch höhere monatliche Abzüge. Er erhält also wesentlich weniger Nettogehalt, als wenn nach Steuerklasse IV besteuert würde. Wenn beide Ehepartner gemeinsam über das Familieneinkommen (Verdienst beider Partner) verfügen können, spielt das keine Rolle. Falls aber jeder sein eigenes Geld hat, sollte mit dem besserverdienenden Partner, der noch dazu die günstigere Steuerklasse hat, ein Ausgleich vereinbart werden.

Veranlagungsform

Verheiratete können entscheiden, ob sie das Familieneinkommen (Verdienst beider Partner) in einen Topf werfen und es wie ein Gehalt besteuern (Zusammenveranlagung), oder sich darauf einigen, daß jeder für sein eigenes Gehalt besteuert wird (getrennte Veranlagung). Normalerweise ist die Zusammenveranlagung die günstigere Alternative. Die Einkünfte der Ehepartner werden beim Finanzamt zusammengerechnet und durch zwei geteilt. Dadurch ergeben sich beispielsweise aus einem überdurchschnittlich hohen und einem eher mittelmäßigen Verdienst zwei Durchschnittsgehälter, für die ein niedrigerer Steuertarif gilt.

Mit diesem sogenannten Ehegatten-Splitting kann der besserverdienende Ehepartner der Steuerprogression entgegenwirken, d.h., er bezahlt weniger Steuern. Das Ehegatten-Splitting bringt vor allem Paaren mit unterschiedlichem Einkommen einen Vorteil. Das Bundesministerium der Finanzen (Postfach 13 08, 53003 Bonn) gibt Tabellen heraus, die Ihnen bei dieser Entscheidung helfen. Auch Ihr zuständiger Finanzbeamter oder ein Steuerberater kann Sie beraten.

Die Wahl der richtigen Steuerklasse hängt von verschiedenen Faktoren ab. Der Fachmann sagt Ihnen, was für Sie günstig ist.

Gerade Doppelverdiener sollten die Wahl der Steuerklasse gut überlegen, denn für »Steueropfer«, die man dem Partner während der Ehe gebracht hat, gibt es im Falle einer Scheidung keinen Ausgleich.

Die Wahl der richtigen Steuerklasse

- Bei der Wahl gilt als grobe Faustregel für Verheiratete: Die Kombination III/V ist günstiger, wenn das Monatsgehalt des besserverdienenden Ehepartners um mindestens 50 Prozent höher ist als das des Geringerverdienenden.
- Berücksichtigen Sie bei Ihren Berechnungen aber auch, daß weitere soziale Leistungen wie Arbeitslosengeld, Mutterschaftsgeld, Krankengeld etc. vom zuletzt erhaltenen monatlichen Nettolohn abhängen!

Versicherungen und Mietrecht

Mit der Hochzeit hat man sich das Versprechen gegeben, das Leben gemeinsam zu gestalten. Dies bedeutet nicht zuletzt auch, Verantwortung für den Partner zu übernehmen und gewisse Risiken durch Versicherungen abzudecken – schließlich ist man nicht mehr nur für sich selbst verantwortlich.

Überprüfen Sie, welche Versicherungen für Sie als Ehepaar sinnvoll sind.

Versicherungen sind wohl das Nüchternste, was man sich vorstellen kann, und kein Brautpaar möchte sich vermutlich große Gedanken darüber machen. Solche Überlegungen sind jedoch nicht nur sinnvoll, sondern können sich auch finanziell lohnen.

Wichtige Versicherungen

Haftpflicht-, Hausrat- und Rechtsschutzversicherungen sind in der Regel Familienversicherungen. Das bedeutet, daß Ehepartner und Kinder beitragsfrei mitversichert sind. Haben beide Ehepartner noch aus Singlezeiten eine eigene Haftpflicht-, Hausrat- oder Rechtsschutzversicherung, kann diejenige, die später abgeschlossen wurde, nach der Eheschließung bis spätestens zum (seit Eheschließung) nächstmöglichen Kündigungstermin fristlos gekündigt werden. Denken Sie bei der Hausratversicherung daran, die Versicherungssumme eventuell an die neuen Verhältnisse anzupassen.

Haben Sie und Ihr Partner eine gemeinsame Privathaftpflichtversicherung, zahlt die Versicherung bei gegenseitig verursachten Schäden nicht. Werfen Sie beispielsweise seine Schale aus dem letzten Mexikourlaub herunter, ersetzt ihm die Versicherung keinen Pfennig.

Krankenversicherung

Nach der Hochzeit kann es auch sinnvoll sein, die Krankenkasse zu wechseln – besonders dann, wenn einer der Ehepartner nicht berufstätig ist. Ob Hausmann oder Hausfrau, beide sind automatisch in der gesetzlichen Krankenversicherung ihres berufstätigen Ehepartners mitversichert, ohne daß sich dessen Beitragszahlungen deshalb erhöhen. Dasselbe gilt auch für gemeinsame Kinder des Paares. Anders sieht es bei der privaten Krankenversicherung aus: Hier muß für jedes Familienmitglied separat bezahlt werden.

Lebensversicherung

Auch eine Lebensversicherung ist für junge Ehepaare eine Überlegung wert, wenn sie Kinder haben möchten und einer der Partner deshalb seinen Beruf aufgibt. Stirbt der verdienende Partner, so hilft die Summe, die in diesem Fall von der Versicherung ausbezahlt wird, den Hinterbliebenen finanziell zumindest über die erste Zeit.

Haben Sie schon in vorehelichen Tagen eine Lebensversicherung abgeschlossen, sollten Sie prüfen, wen Sie als Begünstigten eingetragen haben.

✳

Überlegen Sie auch, ob eine Berufsunfähigkeitsversicherung oder eine private Unfallversicherung sinnvoll sind, um die finanziellen Belastungen aufzufangen, falls der Hauptverdiener in Ihrer Ehe nicht mehr arbeiten kann.

Mietrecht

Wir können hier natürlich keine ausführlichen Hinweise auf die rechtliche Situation als Mieter geben. Dieses Gebiet wird immer komplexer, und häufig genug müssen Gerichte angerufen werden, um einen bestimmten Fall zu klären. Es sei nur ein wesentlicher Aspekt für das frischgetraute Ehepaar vermerkt: Im Mietrecht sind Ehen gegenüber anderen Lebensgemeinschaften bevorzugt. Zum Wesen der Ehe gehört die gemeinsame Wohnung, und deshalb muß der Vermieter auch nicht um Erlaubnis gefragt werden, ob der neue Ehepartner miteinziehen darf. Wurde der Mietvertrag nur von einem Ehepartner unterschrieben, stehen trotzdem beide Ehegatten unter dem Schutz des Mietrechts, selbst wenn sie erst nach Abschluß des Mietvertrages geheiratet haben. Im allgemeinen ist es trotzdem sinnvoll, den Mietvertrag gemeinsam zu unterschreiben.

Große Umzüge nach der Hochzeit sind heute eher selten, da viele Paare schon vorher zusammenwohnen.

Ehe und Familie genießen besonderen rechtlichen Schutz. Lassen Sie sich daher nicht einschüchtern und erkundigen Sie sich, welche Rechte – beispielsweise bei der Vermietung – Ihnen zustehen.

Überblick Versicherungen

- In Familienversicherungen (Haftpflicht-, Hausrat-, Rechtsschutz- und gesetzlicher Krankenversicherung) werden der Ehepartner und eigene Kinder ohne Beitragserhöhung mitversichert.
- Denken Sie jedoch daran, eventuell die Deckungssumme (beispielsweise der Hausratversicherung) zu erhöhen.
- Überlegen Sie, ob eine Lebens-, Berufsunfähigkeits- oder private Unfallversicherung sinnvoll ist.

Standes-amtliche Trauung

Ob Sie Ihre Ehe kirchlich segnen lassen, ist Ihre ganz persönliche Entscheidung. Der Gang zum Standesamt ist dagegen seit ungefähr 120 Jahren Voraussetzung für ihre Gültigkeit.

Aufgebot

Das Aufgebot ist der erste offizielle Schritt in die Ehe. Nun wird aktenkundig, daß zwei Menschen sich zur Hochzeit entschlossen haben. Zugleich beginnt auch die Lauferei nach den verschiedenen Dokumenten, die der Staat für eine ordnungsgemäße Eheschließung verlangt.

An den Formalitäten im Standesamt Ihres Wohnortes kommen Sie nicht vorbei.

Auf dem Standesamt wird die Ehe rechtskräftig geschlossen, und hier werden auch die gesetzlichen Voraussetzungen dafür geprüft. Die kirchliche Hochzeit ersetzt in keinem Fall die standesamtliche Trauung.

Suchen Sie sich rechtzeitig die notwendigen Papiere zusammen, und lassen Sie sich von allen Dokumenten beglaubigte Abschriften erstellen.

Man bestellt das Aufgebot (es ist nur sechs Monate gültig!) bei dem Standesamt, in dessen Bezirk einer der zukünftigen Ehepartner seinen Wohnsitz hat. Das Aufgebot muß nach geltender Rechtslage eine Woche öffentlich im Rathaus aushängen. Sinn dieser Regelung ist es, von der geplanten Hochzeit zu informieren, damit jeder, der berechtigte Einwände gegen diese Ehe hat, sie dem Standesbeamten mitteilen kann. Dieses Vorgehen erscheint heutzutage jedoch überholt, so daß das Bundeskabinett erwägt, das Aufgebot nur noch vom Standesbeamten prüfen zu lassen. Der öffentliche Aushang des Aufgebots soll zukünftig also entfallen.

Was tun, wenn Ihnen schon beim Anblick des für Sie zuständigen Standesamtes, dieses architektonischen Ungetüms, das »Ja« buchstäblich im Hals steckenbleibt? Geraten Sie nicht in Panik, denn Trauungen können in jedem Standesamt in Deutschland geschlossen werden. Voraussetzung ist allerdings, daß der Standesbeamte das Aufgebot an Ihrem Wohnsitz anordnet. Ihre erste Anlaufstelle ist also in jedem Fall das für Ihren Wohnsitz zuständige Standesamt.

Notwendige Dokumente für das Aufgebot

DEUTSCHLAND:

1. Nachweis zur Person und Abstammung: Um seine Herkunft zu »belegen«, braucht man die Urkunden seiner Eltern:
   - Haben die Eltern nach dem 1.1.1958 im Inland geheiratet, benötigt man eine neue (nicht älter als sechs Monate) beglaubigte Abschrift aus dem Familienbuch der Eltern (verwechseln Sie dieses behördliche Dokument nicht mit dem Familienstammbuch, das jedes Paar nach der Trauung erhält und mit nach Hause nehmen darf). Diese Urkunde erhält man in der Regel beim Standesamt des Wohnorts der Eltern.
   - In den meisten anderen Fällen (z.B. nichteheliche Geburt, Adoption, Eheschließung der Eltern vor dem 1.1.1958 oder wenn Ihre Eltern im Ausland geheiratet haben) benötigen Sie eine neue Abstammungsurkunde, die Sie beim Standesamt Ihres Geburtsorts erhalten.
   - Falls Sie im Ausland geboren wurden, verlangt das Standesamt eine Geburtsurkunde mit Elternangabe; diese Urkunde muß von einem vereidigten Dolmetscher übersetzt worden sein.
2. Aufenthaltsbescheinigung, die den Familienstand, die Staatsangehörigkeit und den Wohnsitz angeben muß (erhältlich bei der Einwohnermeldestelle Ihres Hauptwohnsitzes)
3. Reisepaß oder Personalausweis
4. Nachweis über den derzeit ausgeübten oder erlernten Beruf (z. B. Meisterbrief, Firmenbescheinigung, Zeugnis etc.)
5. Wenn Sie Ihren akademischen Grad oder Ihre Religionszugehörigkeit in den Personenstandsbüchern eingetragen haben möchten, müssen Sie die entsprechenden Nachweise (Promotions-, Diplomzeugnis etc. oder Taufschein) vorlegen.

ÖSTERREICH:

1. Geburtsurkunde, Abstammungsurkunde oder Abschrift aus dem Geburtenbuch (die nicht älter als sechs Monate sein darf)
2. Nachweis der Staatsbürgerschaft
3. Meldenachweis (Meldezettel, Meldebestätigung)
4. Lichtbildausweis
5. Akademische Grade und Standesbezeichnungen sind immer urkundlich nachzuweisen (Promotions-, Sponsionsurkunde, Diplom, Verleihungsurkunde).

SCHWEIZ

1. Zivilausweis (den Ihr Familienwohnsitz ausstellt)
2. Geburtsurkunde (bei der Meldebehörde Ihres Geburtsorts erhältlich)
3. Geburts- und Heiratsurkunden der Eltern
4. Schriftempfangsschein
5. Polizeiliches Führungszeugnis

Da die Hochzeitsvorschriften von Kanton zu Kanton verschieden sind, sollten Sie sich vor Bestellung des Aufgebots bei Ihrem Standesamt informieren.

Besorgen Sie sich vor dem Gang ins Standesamt die nebenstehenden Dokumente, damit Sie das Aufgebot bestellen können. Sie benötigen von allen Papieren beglaubigte Kopien, die das Standesamt behält. Grundsätzlich müssen beide Partner gemeinsam im Standesamt erscheinen, Ausnahmen davon können beispielsweise bei Krankheit eines Verlobten gemacht werden.

Der Schritt in die Ehe wird dann etwas komplizierter, wenn Sie nicht dem Standardpaar entsprechen. Sinn dieser dann etwas umständlicheren Aufgebotsbestellung ist jedoch, die Rechte anderer Betroffener zu schützen.

Notwendige Dokumente

Damit bei der standesamtlichen Trauung alles nach Ihren Vorstellungen klappt, werden wir Sie Schritt für Schritt bei den notwendigen Vorbereitungen begleiten. Zuerst ein ungeliebtes und lästiges Thema: Papierkram! Sie werden sich wohler fühlen, wenn diese Hürde geschafft ist.

Welche Dokumente Sie und Ihr Partner im »Standardfall« (volljährige, ledige und kinderlose Staatsangehörige des Landes, in dem Sie heiraten) benötigen, können Sie dem Kasten auf Seite 35 entnehmen. Erkundigen Sie sich rechtzeitig bei Ihrem Standesamt, welche Papiere Sie für ein Aufgebot benötigen, denn wenn bei Ihren Dokumenten Abweichungen vom Standard vorhanden sind, verlangen die Standesbeamten zusätzliche Unterlagen. In der Regel müssen die Verlobten gemeinsam auf dem Standesamt das Aufgebot bestellen.

Das Wohl des Kindes ist vorrangig, wenn seine Mutter oder sein Vater eine neue Ehe eingeht.

Besondere Fälle bei der Bestellung des Aufgebots

Sie benötigen zusätzliche Papiere und Nachweise für folgende Situationen:

Wenn einer der Partner minderjährig ist

In der Regel müssen beide Partner volljährig, d. h. 18 Jahre (in Österreich 19 Jahre) alt sein. Trifft das nur für einen Partner zu, muß der andere mindestens 16 Jahre alt sein. Das Paar braucht zusätzlich die Zustimmung des gesetzlichen Vertreters des noch nicht volljährigen Partners. Außerdem muß es einen Antrag beim Vormundschaftsgericht stellen, um von der Eheunmündigkeit befreit zu werden. In Österreich können auch zwei Minderjährige heiraten, wenn beide eine gerichtliche Ehemündigkeitserklärung vorlegen.

Wenn einer oder beide Partner bereits verheiratet waren

Sie benötigen in diesem Fall eine bzw. zwei Heiratsurkunde(n) mit einer amtlichen Bestätigung oder einem Vermerk, daß die Ehe geschieden wurde, denn in unserem Kulturkreis darf bekanntlich niemand eine Ehe eingehen, solange er noch mit einem anderen Partner verheiratet ist. Dieses Dokument erhalten Sie bei dem Standesamt, in dem Ihre nun geschiedene Ehe geschlossen wurde.

Wenn das Paar ein gemeinsames Kind mit in die Ehe bringt

Die Geburtsurkunde des Kindes und eine Erklärung des Bräutigams, in der er die Vaterschaft anerkennt, müssen Sie vorlegen, um das Aufgebot bestellen zu können. Letztere Erklärung muß vom Jugendamt beurkundet werden. Das gemeinsame Kind wird durch die Heirat seiner Eltern nachträglich ehelich.

Kind aus einer früheren Ehe oder früheren Lebensgemeinschaft

Bringen Sie oder Ihr Partner ein Kind aus einer früheren Ehe oder einer früheren Lebensgemeinschaft mit in die Ehe, wird an das Wohl des Kindes gedacht. Falls das Kind eigenes Vermögen besitzt, muß sichergestellt werden, daß ihm durch die Heirat seiner Mutter oder seines Vaters keine finanziellen Nachteile oder Einbußen entstehen. Ein entsprechendes Zeugnis stellt das Vormundschaftsgericht am Wohnort des Kindes aus.

Wenn einer der beiden Partner Ausländer ist

Ausländer benötigen ein Ehefähigkeitszeugnis ihres Heimatlandes – eine Art Bestätigung, daß es nach den Gesetzen des jeweiligen Heimatlandes keine Einwände gibt, die gegen eine Ehe sprechen könnten. Weiter ist eine Bescheinigung des entsprechenden deutschen Konsulats vorzulegen, die bestätigt, daß die ausländische Behörde, die das Ehefähigkeitszeugnis ausstellt, auch dazu berechtigt ist. Die Bundesregierung plant jedoch, diese Formalitäten für die Eheschließung von Deutschen mit Ausländern zu vereinfachen.

Die Trauzeugen

Bei der standesamtlichen und der kirchlichen Trauung müssen zwei Zeugen anwesend sein. Sie müssen volljährig sein, einen gültigen Ausweis besitzen und geistig und körperlich in der Lage sein, der Trauung zu folgen. Dazu sollten sie die deutsche Sprache zumindest so weit beherrschen, daß sie den Standesbeamten verstehen können, ansonsten muß ein Dolmetscher anwesend sein. Überlegen Sie sich rechtzeitig, wen Sie als Trauzeugen wählen, um deren Namen bereits bei der Bestellung des Aufgebots angeben zu können.

Das Oberlandesgericht kann in Ausnahmefällen den ausländischen Partner von der Vorlage des Ehefähigkeitszeugnisses entbinden, wenn entsprechende berechtigte Gründe vorliegen.

Kosten der standesamtlichen Trauung

DEUTSCHLAND

- Aufgebot: ca. 30 bis 70 DM
- Heiratsurkunde: um 15 DM
- Familienbuch: 20 bis 30 DM – je nach Ausführung
- Haben Sie sich für ein Standesamt entschieden, das nicht im Bezirk Ihres Wohnortes oder dem Ihres Partners liegt, fallen zusätzlich ca. 30 DM Gebühren an. Diese Kosten beinhalten die gesamte standesamtliche Hochzeitszeremonie, allerdings ohne Extrawünsche (wie besonderer Blumenschmuck, Musik etc.).

ÖSTERREICH

- Trauung: ca. 50 öS
- Niederschrift: ca. 150 öS
- Heiratsurkunde: ca. 100 öS

SCHWEIZ

- Die Kosten variieren hier stark von Kanton zu Kanton.

Die schönsten Standesämter

Die standesamtliche Trauung ist meist ein recht nüchterner Akt – vollzogen in einem Büroraum mit Arbeitsatmosphäre. Möchten Sie statt dessen in einer romantischen, abenteuerlichen oder idyllischen Umgebung den Bund fürs Leben schließen? Es gibt Orte, an denen Sie auch die standesamtliche Trauung festlich begehen können.

Hochzeitsmühle in Kappeln an der Schlei bei Schleswig

Romantischer geht es kaum noch – eine Trauung in der höchsten Windmühle Schleswig-Holsteins, die strahlend weiß neben einem alten Magnolienbaum steht, der im Frühling sogar blüht! Die Mühle wurde vor über hundert Jahren gebaut und trägt den Namen »Amanda«. Die rustikalen Zimmer mit den dunklen, äußerst massiven Balkendecken sind allerdings recht niedrig, und so manches hochgewachsene Paar hat die Mühle mit gebeugtem Haupt und mehreren Beulen wieder verlassen … Nähere Informationen erhalten Sie unter 0 46 42/1 83 21.

Auf dem Denkmalschiff »Stadt Kiel« trauen Sie Kieler Standesbeamte (Grundangebot ab 2000 DM).

Hochzeit auf hoher See

Wer es abenteuerlich liebt und sich erst richtig wohl fühlt, wenn ihm die Gischt ins Gesicht spritzt und der Wind um die Ohren fegt, kann sich das Jawort auch auf offenem Meer geben. Bevor Sie in See stechen, sollten Sie allerdings prüfen, ob Ihnen auch bei bewegtem Wellengang das Ja nicht im Halse steckenbleibt. Bei der Tourist Information in Kiel unter der Nummer 04 31/6 79 10 19 erfahren Sie mehr,

Schloß Biebrich in Wiesbaden

Wer sich schon immer mal wie eine Prinzessin fühlen wollte, legt sich entweder eine Erbse unter die Matratze oder lädt seine Gäste zur standesamtlichen Trauung auf Schloß Biebrich. Die Fürsten und Herzöge von Nassau ließen das romantische Bauwerk, das von einem englischen Garten umgeben ist, vor fast 300 Jahren errichten. Von dem mit eleganten Barockmöbeln eingerichteten Trauzimmer haben Sie einen herrlichen Blick auf den Rhein. Wenn Sie neugierig geworden sind, erhalten Sie unter der Nummer 06 11/31 91 19 Auskunft.

Villa Weigang in Dresden-Blasewitz

Eine um die Jahrhundertwende im Stil der Neorenaissance gebaute Villa – ein bildschöner, allerdings nur gemalter Jüngling, der Sie an der Freitreppe empfängt – Fassade, Decken und Wände, die über und über mit alten Ornamenten bedeckt sind – zwei malerische Türmchen … »Beatus ille qui procul negotiis« (Glücklich, wer dem Alltag fern), diese lateinische Inschrift, die dem Besucher aus dem Rahmen eines der vielen Fenster entgegenprangt, scheint den Verdacht dann endgültig zu bestätigen: Sicherlich lebte hier ein weltfremder, etwas skurriler Träumer. Irrtum: Karl Ernst Otto Weigang stellte Zigaretten- und Schokoladenpapier her, verdiente damit ein Vermögen und erwarb das inzwischen denkmalgeschützte Anwesen für sich und seine Familie als lauschigen Sommersitz. Nähere Informationen über das seit den fünfziger Jahren als Standesamt genutzte und 1991 komplett renovierte Gebäude erhalten Sie unter der Nummer 03 51/2 57 85 30.

Stadtschloß Fulda

Das Trauzimmer innerhalb der Spiegelsäle im barocken Fuldaer Stadtschloß ist an Eleganz kaum zu übertreffen. Fürstbischof Adalbert von Schleiffras ließ Mitte des 18. Jahrhunderts sogar Decken und Wände des prachtvollen Barockschlosses mit Rokokostuck und Ornamenten schmücken. Vor schimmernden Seidentapeten hängen wertvolle alte Ölgemälde. Ein üppiger Leuchter rückt das Brautpaar ins richtige Licht. Weitere Details erfahren Sie unter der Nummer 06 61/10 23 60.

Im Stadtschloß Fulda können Sie sich stilvoll unter einem prächtigen Kronleuchter das Jawort geben.

Rathaus von Hamburg-Altona

Völlig überwältigt von dem strahlendweißen herrschaftlichen Patriziergebäude mit Blick auf die Elbe können Sie sich, nachdem Sie die breite Freitreppe erklommen haben, in einen dickgepolsterten Senatorensessel werfen und völlig entspannt den Worten des Standesbeamten lauschen. Ausführliche Informationen erhalten Sie unter der Nummer 0 40/38 07 20 32.

Rathaus in Berlin-Köpenick

Das imposante Backsteingebäude mit den vielen Fenstern wurde um die Jahrhundertwende von einem Potsdamer Architekten errichtet. Das Trauzimmer ist renoviert worden und in elegantem Marmor gehalten. Das Sonnenlicht fällt durch wunderschöne originale Butzenscheiben (so nennt man Scheiben aus grünlichem Glas mit einer Verdickung – Butzen – in der Mitte, die meist in Blei gefaßt

Beim Standesamt an Ihrem Wohnsitz bestellen Sie zwar das Aufgebot, trauen lassen können Sie sich aber auch an einem anderen Ort. Ihr zuständiger Standesbeamte muß dazu seinen Kollegen allerdings ausdrücklich legitimieren.

Wenn Sie ein anderes Standesamt gefunden haben, das Ihnen gefällt, wenden Sie sich am besten an die örtliche Verwaltung, um zu erfahren, wer Ihr Ansprechpartner für die Trauung ist.

sind) ins etwas kühle Amtszimmer. Nähere Informationen erhalten Sie unter der Nummer 0 30/65 84 26 20.

Dornröschenschloß Sababurg

Wer es absolut romantisch, ja fast dramatisch liebt, sollte im Standesamt des Dornröschenschlosses Sababurg in Hofgeismar heiraten. Das Trauzimmer liegt direkt in der Burg. Das mittelalterliche Schloß mit seinen dicken unbezwingbaren Mauern gleicht einer verwunschenen Festung. Nach der standesamtlichen Trauung können Sie dort mit bis zu 100 Gästen ausgelassen feiern. Vielleicht singt Ihr Liebster gegen Mitternacht im Schloßhof für Sie ... Weitere Informationen gibt es unter der Nummer 0 56 71/80 80.

Bolongaro-Palais in Höchst bei Frankfurt

Der steinreiche Bankier und Tabakfabrikant Bolongaro ließ sich diesen imposanten Barockpalast als Wohnsitz bauen. Inzwischen wurde das Gebäude zum Rathaus umfunktioniert. Das Standesamt liegt im westlichen der beiden Pavillons, die mitten im idyllischen Park stehen, von dem aus man sogar den Main sehen kann. Die Trauung findet in einem grandiosen klassizistischen Stucksaal statt. Nähere Informationen gibt's unter der Nummer 0 69/21 23 40 59.

Wasserschloß Sachsenheim bei Ludwigsburg

Mitte des 16. Jahrhunderts gab der Fürst des kleinen Dorfes Sachsenheim das verträumte Wasserschlößchen in Auftrag. Seinen individuellen und gemütlichen Charakter erhält das Gebäude durch die Mischung aus grauem Naturstein, Fachwerk und den vielen kleinen Sprossenfenstern. Das wunderschöne Anwesen ist von einem Park umgeben; hier können Sie entweder den Wassergraben bewundern oder Ihre frischgebackene Ehefrau hinter den knorrigen Bäumen und zahlreichen Büschen ungestört küssen... Ausführliche Informationen erhalten Sie unter der Telefonnummer 0 71 47/2 80.

Standesamt München-Solln

Im Münchener Süden können Sie sich in einer traumhaft schönen Jugendstilvilla trauen lassen. Die Amtsräume sind mit kostbaren Möbeln aus Kirschbaumholz und Mahagoni eingerichtet. Die Kunstwerke an den Wänden, alles wertvolle Gemälde, sind Leihgaben des Münchener Lenbachhauses. Der imposante Vorhof eignet sich ausgezeichnet für einen kleinen Umtrunk. Weitere Einzelheiten erfahren Sie unter der Nummer 0 89/7 91 10 22.

In der Nähe der über 660 Jahre alten Anlage der Sababurg liegen ein Tierpark von 1571 und ein Naturschutzgebiet.

Rathaus in Ravensburg

Wer es eher turbulent liebt, kann mitten in der belebten Fußgängerzone der Altstadt im leuchtendroten, über 600 Jahre alten Rathaus von Ravensburg heiraten. Im ersten Stock des trutzigen spätgotischen Gebäudes gibt es zwei wunderschöne Ratssäle mit gewölbten Holzbalkendecken. Weitere Informationen gibt es unter 07 51/8 22 26.

Rathaus in Konstanz am Bodensee

Ende des 16. Jahrhunderts wurde das alte Zunfthaus der Leinweber und Krämer vom Stadtbaumeister Alexander Guldinast im florentinischen Renaissancestil zur Stadtkanzlei umgebaut. Außen ist es mit wunderschönen Fresken von 1864 bemalt. Besonders romantisch ist der lauschige Innenhof, der einen geradezu verführt, nach der Trauung die Sektkorken knallen zu lassen. Nähere Informationen erhalten Sie unter 0 75 31/90 03 70.

Marmorsaal im Schloß Mirabell in Salzburg

Angeblich ist er der schönste und atemberaubendste Trausaal der Welt. Zu Beginn des 18. Jahrhunderts schuf Georg Raphael Donner die weltberühmte barocke Treppe, deren Stufen Sie erklimmen müssen. Auf dem Treppengeländer tummeln sich ausgelassene, pausbäckige, splitternackte Knaben, sogenannte Putten. Denen können Sie kräftig auf den Hintern schlagen – angeblich bringt das Glück in der Ehe. Nähere Informationen erhalten Sie unter der Telefonnummer 00 43/6 62/80 72.

Der verträumte Mutterturm in Landsberg diente dem Künstler Hubert von Herkomer als Wohnung und Atelier.

Landsberg am Lech

Diese mittelalterliche Stadt mit ihren engen Gassen und Straßen, schönen Bürgerhäusern und bedeutenden Profan- und Sakralbauten liegt an der Romantischen Straße. Wer sich hier das Jawort geben möchte, hat die Wahl zwischen dem 30 Meter hohen Mutterturm und dem eleganten Trauungssaal im alten Rathaus, das Dominikus Zimmermann im 17. Jahrhundert innen und außen mit filigranen Stuckarbeiten schmückte. Weitere Details über das historische Rathaus gibt es unter der Nummer 0 81 91/12 82 46.

Informationen über den vor über hundert Jahren vom Maler und Dichter Hubert von Herkomer in Auftrag gegebenen kleinen Turm, den er zur Erinnerung an seine Mutter bauen ließ und der einer verzauberten Burg ähnelt, gibt es unter 0 81 91/12 82 47.

Ob auf hoher See oder im romantischen Schloß – auch ohne kirchliche Trauung ist ein festlicher Rahmen möglich.

Wahl des Ehenamens

Familienname, Doppelname oder getrennte Namen – was darf's denn für Sie sein? Seit dem 1. April 1994 ist im Namensrecht fast alles erlaubt, und so ist es heutzutage nicht mehr gang und gäbe, daß die Ehefrau bei der Hochzeit ihren Namen einfach aufgibt. Bis 1794 führten verheiratete Frauen übrigens ihren Geburtsnamen auch nach der Hochzeit weiter.

Den Entschluß, welchen Familiennamen Sie in Zukunft tragen möchten, sollten Sie spätestens am Tag der standesamtlichen Trauung gefaßt haben, denn dann wird Sie der Beamte in Gegenwart Ihrer Trauzeugen danach fragen. Ihre Namenswahl müssen Sie dort auch schriftlich bestätigen.

Gemeinsamer Ehename

Das Paar führt den Geburtsnamen des Mannes oder den Geburtsnamen der Frau als gemeinsamen Familiennamen.

Mit der Unterschrift im Standesamt besiegeln Sie amtlich Ihre Eheschließung.

In der Schweiz darf der Geburtsname der Frau nur dann gewählt werden, wenn »achtenswerte Gründe« vorliegen. Wird der Name des Mannes gewählt, kann die Frau jedoch ihren früheren Namen inoffiziell im täglichen Leben mit einem Bindestrich hintenanstellen.

Die Wahl eines Begleitnamens

Der Partner, dessen Geburtsname nicht gemeinsamer Ehename wird, kann seinen Geburtsnamen (oder den zum Zeitpunkt der Eheschließung geführten Namen) dem Ehenamen entweder voranstellen oder hinzufügen. Es dürfen allerdings nicht mehr als zwei Namen aneinandergefügt werden. In der Schweiz kann nur die Frau einen Begleitnamen wählen, den sie ohne Bindestrich dem Familiennamen voranstellen muß.

Beispiel: Laura Behring: Laura Behring-Wiegand oder Laura Wiegand-Behring (In der Schweiz ist nur Laura Wiegand Behring möglich.)

Peter Wiegand: Peter Wiegand-Behring oder Peter Behring-Wiegand

Der Begleitname ist ein persönlicher Namenszusatz und gilt weder für Ehepartner noch Kinder.

Getrennte Namen der Ehepartner

Jeder behält den Namen, den er zum Zeitpunkt der Eheschließung geführt hat.

Beispiel: Laura Behring und Peter Wiegand

In der Schweiz ist diese Möglichkeit der getrennten Namen nicht möglich.

Haben beide Partner ihren Namen behalten, gibt es also keinen gemeinsamen Familiennamen, dann erhalten gemeinsame Kinder den Namen des Vaters oder der Mutter. Ein Doppelname für das Kind ist nur dann möglich, wenn dieser der Geburtsname des Vaters oder der Mutter ist. Kann sich das Paar über den Familiennamen der Kinder nicht einigen, entscheidet das Vormundschaftsgericht.

Nachnamen der Kinder

Nichteheliche Kinder oder Kinder aus einer früheren Ehe übernehmen im allgemeinen die Namensänderung ihrer Mutter oder ihres Vaters nicht. Allerdings kann ein nichteheliches Kind ebenfalls den Ehenamen führen, wenn dies dem Standesbeamten mitgeteilt wird. Dem Stiefelternteil entstehen daraus keinerlei Rechte oder Pflichten. Ein nichteheliches oder adoptiertes Kind kann auch vom »neuen« Ehepartner adoptiert werden. Dazu muß das Kind oder – wenn es noch minderjährig ist – sein gesetzlicher Vertreter einwilligen. Bei einem minderjährigen ehelichen Kind müssen Vater und Mutter zustimmen, damit es adoptiert werden kann.

In der Liebe zählen eher die Vor- oder Kosenamen. Aber vor der Hochzeit ist es wichtig, sich auch über den Familiennamen Gedanken zu machen.

Der Name nach der Auflösung der Ehe

Geschiedene und Verwitwete behalten im allgemeinen ihren Ehenamen, können jedoch ihren Geburtsnamen oder den Namen annehmen, den sie vor der Eheschließung geführt haben. Es besteht auch die Möglichkeit, den Geburtsnamen dem Ehenamen voranzustellen oder anzufügen.

Wenn einer der Partner einen neuen Namen annimmt, muß das Behörden, Banken und dem Arbeitgeber mitgeteilt werden. Um offizielle Dokumente wie Paß oder Führerschein zu ändern, legen Sie am besten eine Kopie Ihrer Heiratsurkunde vor.

Möglichkeiten der Wahl des Ehenamens

1. Sie wählen einen gemeinsamen Namen, nämlich den Geburtsnamen der Frau oder des Mannes. In der Schweiz kann der Name der Frau nur in Ausnahmefällen gewählt werden.
2. Derjenige, dessen Name nicht gemeinsamer Ehename wird, kann seinen früheren Namen dem Ehenamen voran- oder nachstellen, verbunden durch einen Bindestrich. Wählt die Frau in der Schweiz ihren bisherigen Namen als Begleitnamen, stellt sie diesen dem Familiennamen ohne Bindestrich voran.
3. Jeder behält auch nach der Eheschließung seinen Namen, es gibt also keinen gemeinsamen Ehenamen. Diese Möglichkeit existiert in der Schweiz nicht.

Das amtliche Jawort

Für viele Brautpaare ist das standesamtliche Jawort nur der Auftakt zur kirchlichen Trauung; Eheleute, die nicht kirchlich heiraten, möchten dagegen vielleicht das amtliche Jawort im festlichen Rahmen erleben. Auch dafür gibt es einige originelle Gestaltungsmöglichkeiten.

Nach dem Jawort auf dem Standesamt folgt traditionell der erste Kuß als Ehepaar.

Es ist Sitte, daß die Braut von ihrem zukünftigen Ehemann, der den Brautstrauß hoffentlich nicht vergessen hat, rechtzeitig zu Hause abgeholt wird. Gemeinsam mit den Trauzeugen und den Eltern fährt das Brautpaar zum Standesamt, falls man sich nicht erst dort verabredet hat. Planen Sie genügend Zeit ein! Sie sollten nicht völlig atemlos vor dem Standesbeamten sitzen.

Ablauf der standesamtlichen Trauung

Die standesamtliche Trauung dauert meist nicht länger als 15 bis 20 Minuten. Trauzeugen dürfen auf keinen Fall ihren gültigen Personalausweis oder Reisepaß vergessen, denn danach fragt der Standesbeamte als erstes; anschließend nimmt er die übrigen Personalien auf.

In der Traurede werden die Brautleute gefragt, ob sie einander heiraten möchten (die Anwesenden haben jetzt noch die Möglichkeit, Einspruch gegen die Eheschließung zu erheben). Wenn Braut und Bräutigam mit »Ja« geantwortet haben, werden sie im Namen des Rechts für Mann und Frau erklärt. Sie können sich die Trauringe entweder schon hier oder erst in der Kirche gegenseitig an den (rechten) Finger stecken. Vergessen Sie nicht, daß der Beamte auch fragen wird, für welchen Familiennamen Sie sich entschieden haben.

Zum Schluß verliest der Standesbeamte das Trauungsprotokoll, das vom Brautpaar und von den Trauzeugen unterschrieben werden muß.

Wenn Sie sich eine etwas feierlichere Zeremonie wünschen, sollten Sie das vorher mit dem zuständigen Standesbeamten besprechen. In den meisten Standesämtern ist es beispielsweise möglich, während der Trauung Musik vom Band spielen zu lassen. Vergewissern Sie sich aber vorher, ob Sie den Kassettenrekorder oder einen CD-Spieler selbst mitbringen müssen.

Nach dem Standesamt

Standesamtliche Trauung und Hochzeitsfest finden nicht immer am selben Tag statt. Das liegt daran, daß die Standesämter fast ausschließlich nur von Montag bis Freitag von 8 bis 12 Uhr geöffnet haben, die meisten Paare ihre Hochzeit aber lieber an einem Samstag feiern möchten. Außerdem ist ein Tag mit Standesamt, Kirche und Fest ziemlich ausgefüllt und anstrengend.

Ob zu zweit oder im Familien- und Freundeskreis – nach der standesamtlichen Trauung wird meist gefeiert.

Gestaltung der Feier

Ob Sie nach der standesamtlichen Trauung nur eine kurze Verschnaufpause bis zur kirchlichen Zeremonie haben oder ob Sie die kirchliche Segnung am nächsten Tag erhalten oder ganz darauf verzichten – nach dem offiziellen Jawort möchten Sie sicherlich die Sektkorken knallen lassen. Hier ein paar Anregungen, wie nach der standesamtlichen Trauung gefeiert werden kann:

- Laden Sie Trauzeugen und Eltern, vielleicht auch ein paar ausgewählte Gäste, nach dem Standesamt zu einem kleinen Sektfrühstück zu sich nach Hause ein.
- Feiern Sie Ihre Trauung im engsten Familienkreis zusammen mit den Trauzeugen bei einem festlichen Essen im Restaurant.
- Findet keine kirchliche Trauung statt, laden Sie abends zu einem Fest im Restaurant oder zu Hause ein oder geben einen Empfang (Näheres dazu siehe Seite 16).

Die klassische Variante

Wenn Sie es lieber klassisch mögen, entscheiden Sie sich für die etwas anstrengendere Variante, bei der Standesamt, kirchliche Trauung und Feier am selben Tag stattfinden. Sie können dies folgendermaßen gestalten:
Nach der Vormittagstrauung im Standesamt gibt es ein kleines Sektfrühstück, für das Sie nicht mehr als zwei Stunden einplanen sollten. Sie haben noch einen anstrengenden Tag vor sich! Gönnen Sie sich ausreichend Zeit, um sich ohne Hetze auf die kirchliche Trauung am Nachmittag und die anschließende Feier vorzubereiten. Ausführliche Vorschläge, wie Sie das Fest nach der kirchlichen Trauung gestalten können, finden Sie ab Seite 104.

Die standesamtliche Trauung ist besonders festlich, wenn Familie, Freunde, Bekannte und Arbeitskollegen dem frischvermählten Paar vor dem Standesamt mit Sekt, Blumen und vielleicht auch Musik gratulieren.

Vorbereitung der kirchlichen Trauung

Für gläubige Menschen und praktizierende Christen ist die kirchliche Trauung eine Selbstverständlichkeit und die Krönung ihres großen Tages, weil sie den Bund fürs Leben nicht ohne den Segen Gottes eingehen wollen. Doch auch viele, die sich innerlich dem Glauben entfremdet haben oder zumindest der Kirche als Institution gleichgültig, sogar ablehnend gegenüberstehen, wollen auf die kirchliche Trauung nicht verzichten.

Gründe für eine kirchliche Trauung gibt es einige: Da sind Traditionen, gesellschaftliche Zwänge, denen man sich mehr oder weniger freiwillig unterordnet, oder gläubige Eltern, die man nicht vor den Kopf stoßen möchte. Da sind aber auch der feierliche Ritus, der beeindruckende Kirchenraum, die festlichen Orgelklänge… Machen wir uns nichts vor: So manches Paar verspricht sich von der Kirche ganz einfach das Ambiente, das eine Trauung erst zur Märchenhochzeit macht.

Der tiefe Ernst der Eheschließung wird im kirchlichen Zeremoniell besonders deutlich. Vor Gott, dem Pfarrer, den Trauzeugen und allen Anwesenden gelobt sich das Paar die Treue, die Brautleute gehen öffentlich eine Verpflichtung für eine gemeinsame Zukunft ein. Eine kirchliche Trauung ist immer eine heilige Handlung, der sich niemand so leicht entziehen kann.

Erster Ansprechpartner in Sachen kirchlicher Trauung ist der Pfarrer Ihrer Heimatgemeinde.

Ansprechpartner Pfarrer

Wenn Sie sich entschlossen haben, kirchlich zu heiraten, setzen Sie sich mit dem Pfarrer der Gemeinde Ihres Wohnsitzes in Verbindung. Er ist in jedem Fall Ihr erster Ansprechpartner. Grundsätzlich können Sie davon ausgehen, daß der Geistliche Ihrem Wunsch nach einer kirchlichen Zeremonie offen gegenübersteht, auch wenn er Sie nicht jeden Sonntag beim Gottesdienst sieht. Ein Pfarrer, der seine Aufgabe ernst nimmt, sieht die kirchliche Trauung jedoch nicht als reine Formalität und begreift auch sich selbst nicht als Zeremonienmeister, den man einfach für eine erhebende Stunde buchen kann. In einem oder mehreren Traugesprächen, die der kirchlichen Trauung obligatorisch vorangehen, wird der Geistliche mit Ihnen über Ihre Haltung zur Ehe sprechen und sich von Ihrer Ernsthaftigkeit überzeugen.

Je besser Sie der Pfarrer, der Sie vermählt, kennt, desto persönlicher kann er Ihre Trauung gestalten.

Der Kirche verpflichtet

Der Pfarrer ist vor allem seinem Gewissen und der Glaubenslehre seiner Kirche verpflichtet, was auch bedeutet: Es kann Schwierigkeiten geben, wenn einer der beiden Partner nicht getauft, gefirmt (bei Katholiken) oder konfirmiert (in der evangelischen Kirche), aus der Kirche ausgetreten oder geschieden ist. Der Pfarrer ist nicht verpflichtet, jedes Paar, das zu ihm kommt, zu trauen. Doch als Seelsorger ist er natürlich daran interessiert, Ihre Bindung zur Kirche zu festigen oder neu herzustellen. Da bei schwierigen »Spezialfällen« manchmal längere und intensivere Vorgespräche nötig sind, ist es ratsam, sich frühzeitig mit dem Pfarrer in Verbindung zu setzen. In den seltensten Fällen wird er eine kirchliche Trauung

Sehen Sie das Gespräch mit Ihrem Pfarrer nicht als Pflichtübung, sondern besprechen Sie mit ihm zusammen auch die Details Ihrer kirchlichen Trauung.

Checkliste kirchliche Trauung

- Klären Sie den genauen Termin und die Uhrzeit, zu der die Zeremonie stattfinden soll.
- Den groben Ablauf des Gottesdienstes sollten Sie sich gemeinsam mit dem zuständigen Pfarrer überlegen – bringen Sie ruhig Ihre Vorschläge ein.
- Etwas ganz Besonderes ist der Trauspruch – schließlich müssen Sie überzeugt mit »Ja« antworten können. Immer mehr Paare suchen sich deshalb die passende Trauformel selbst aus oder versuchen, kleine Abwandlungen vom Standardspruch mit dem Pfarrer zu besprechen.
- Gibt es eine spezielle Bibelstelle, die Sie ganz besonders anspricht? Reden Sie mit Ihrem Geistlichen, vielleicht kann er die Textstelle in seine Ansprache einbeziehen.
- Vergessen Sie nicht, sich auch Gedanken über die musikalische Gestaltung Ihres Hochzeitsgottesdienstes zu machen. Gibt es einen Orgelspieler, oder kann eventuell eine Stereoanlage angeschlossen werden? Der Pfarrer kann für Sie auch einen Termin mit dem Organisten vereinbaren, der Ihnen die zur Gestaltung Ihrer Trauung passenden Musikvorschläge machen kann.

ablehnen. Wenn Sie sich mit ihm geeinigt haben, besprechen Sie während des Traugesprächs am besten gleich auch den Termin der kirchlichen Trauung. Pfarrer sind vielbeschäftigte Menschen mit einem vollen Terminkalender... Melden Sie Ihren Terminwunsch deshalb schon etwa sechs Monate im voraus an.

Die feierliche und erhebende Atmosphäre in der Kirche macht die kirchliche Trauung einzigartig.

Wenn einer der Partner konfessionslos ist oder einer anderen Glaubensrichtung angehört

Es liegt im Ermessen des jeweiligen Pfarrers, ob er Sie auch dann kirchlich traut, wenn einer der Eheleute kein Mitglied der Kirche ist oder einer nichtchristlichen Glaubensrichtung angehört. Möchten Sie auf den kirchlichen Segen nicht verzichten, wird sich bei einem ausführlichen und offenen Gespräch mit dem zuständigen Geistlichen sicherlich eine Lösung finden lassen.

Wenn Sie nicht in Ihrer Heimatgemeinde heiraten möchten

Soll es unbedingt die Kirche sein, in der schon Ihre Großmutter laut und vernehmlich »Ja« gesagt hat? Vielleicht möchten Sie in der Kapelle des Schloßhotels heiraten, in der Ihre Hochzeitsfeier stattfindet? Es gibt viele Gründe, sich für eine Trauung außerhalb der Heimatgemeinde zu entscheiden, und von kirchlicher Seite steht dem auch nichts im Wege. Es verlangt vom Brautpaar nur etwas mehr Organisation. Allerdings müssen Sie damit rechnen, daß ein Pfarrer zwar seine Kirche zur Verfügung stellt, die Trauung meist aber nicht selbst durchführen möchte. Besprechen Sie Ihre Sonderwünsche deshalb rechtzeitig mit dem Pfarrer Ihrer Heimatgemeinde. Fragen Sie ihn, ob er die Hochzeitszeremonie vielleicht auch in Ihrer Wunschkirche abhalten möchte. Denken Sie daran, daß Sie also mit mindestens zwei Geistlichen verhandeln müssen. Schieben Sie die Gespräche nicht vor sich her, klären Sie die anfallenden Fragen rechtzeitig, damit Sie sobald wie möglich den Hochzeitstermin festlegen können. Die kirchlichen Formalitäten regelt der zuständige Pfarrer Ihrer Heimatgemeinde.

Notwendige Papiere für die Hochzeit in einer anderen Gemeinde

Bei einer katholischen Trauung muß, damit Sie in einer anderen Kirche heiraten können, ein Entlaßschein, auch Traulizenz genannt, ausgestellt werden. In der evangelischen Kirche heißt diese Erlaubnis Zäsion oder Dimisso-

Dokumente für die evangelische Trauung

- Personalausweis
- Taufbescheinigung beider Partner; um sich evangelisch trauen lassen zu können, muß mindestens ein Partner evangelisch getauft sein. (Diese Bescheinigung wird bei dem Pfarramt ausgestellt, in dessen Gemeinde Sie getauft worden sind.)
- Konfirmationsurkunde
- Bescheinigung des Standesamtes über das bestellte Aufgebot oder bereits die Heiratsurkunde der zivilen Eheschließung durch den Standesbeamten

Falls Sie nicht in Ihrer Heimatgemeinde heiraten, benötigen Sie zusätzlich:

- Zäsion/Dimissoriale (wird vom Pfarrer Ihrer Heimatgemeinde ausgestellt, siehe dazu Seite 48.)

Dokumente für die katholische Trauung

- Personalausweis
- Taufurkunde mit dem Nachweis, daß Sie ledig sind. Die Bescheinigung darf nicht älter als drei Monate sein. (Sie wird von dem Pfarramt ausgestellt, in dessen Gemeinde Sie getauft worden sind.)
- Firmungsurkunde
- unterschriebenes Ehevorbereitungsprotokoll (erhalten Sie nach den vorbereitenden Gesprächen mit Ihrem Pfarrer)
- Bescheinigung des Standesamtes über das bestellte Aufgebot oder bereits die Heiratsurkunde der zivilen Eheschließung durch den Standesbeamten

Wenn Sie nicht in Ihrer Heimatgemeinde heiraten, benötigen Sie zusätzlich:

- Traulizenz oder Entlaßschein des Heimatpfarrers sowie die Delegation des gastgebenden Pfarrers, die Ihrem Heimatpfarrer erlaubt, die Trauung in der fremden Kirche vorzunehmen (siehe dazu Seite 50)

Dokumente für die ökumenische Trauung

- Personalausweis
- Beide Partner benötigen eine Taufbescheinigung, die aber nicht älter als sechs Monate sein darf. (Diese Bescheinigung wird bei dem Pfarramt ausgestellt, in dessen Gemeinde Sie getauft worden sind.)
- Firmungsurkunde bzw. Konfirmationsurkunde
- Bescheinigung des Standesamtes über das bestellte Aufgebot oder bereits die Heiratsurkunde der zivilen Eheschließung durch den Standesbeamten

Lange Zeit war die sogenannte Mischehe – die Heirat zwischen einem katholischen und einem evangelischen Partner, die nicht nach katholischen Grundsätzen durchgeführt wurde – nach katholischer Lehre nicht möglich und führte zur Exkommunikation des katholischen Partners. Seit dem 1. 10. 1970 steht die katholische Kirche ökumenischen Trauungen jedoch offen gegenüber.

Das Traugespräch bietet Raum, über den Sinn der Ehe nachzudenken. Zugleich werden die praktischen Fragen von Organisation und Gestaltung der kirchlichen Trauung besprochen.

riale. Damit erteilt der Pfarrer Ihrer Heimatgemeinde einem anderen die Erlaubnis, Sie zu trauen. Falls Sie einen Geistlichen in Ihre katholische Traukirche mitbringen, benötigt er die Erlaubnis, die Delegation, des gastgebenden Pfarrers; ohne diese darf er Sie nicht trauen. Die Traugespräche führt üblicherweise der Pfarrer, der die Hochzeitszeremonie durchführt; feste Regeln gibt es allerdings nicht.

Das Traugespräch

Früher hieß das Traugespräch in der katholischen Kirche etwas abschreckend »Brautexamen«, und tatsächlich konnte es einem passieren, daß Glaubensgrundsätze abgefragt wurden. Heutzutage lädt Sie der Pfarrer gemeinsam zu einem Traugespräch ein, damit er Sie kennenlernen und sich ein Bild von Ihrer Einstellung zur Ehe machen kann. Je mehr der Geistliche über Sie erfährt, desto einfühlsamer und persönlicher kann er die Predigt gestalten. Er wird Sie auch über Wesen, Inhalte und Ziele einer christlichen Ehe informieren. Sie erfahren, welche Papiere Sie benötigen, und werden über kirchliche Vorschriften und Ehegesetze aufgeklärt. Das Traugespräch unterliegt dem Seelsorgegeheimnis, ist also streng vertraulich und persönlich. Feste Regeln für seinen Verlauf gibt es nicht. Das Gespräch hängt mehr oder weniger von der Persönlichkeit und der Berufsauffassung des Pfarrers ab. Aber auch Sie als Brautpaar haben Einflußmöglichkeiten. Stellen Sie Fragen, schließlich geht es um Ihre Trauung und um Ihre Ehe!

Die evangelische Trauung kann auch von einer Pfarrerin vorgenommen werden.

Katholische Trauung

Auch wenn nur einer von Ihnen Katholik ist und der andere evangelisch, können Sie sich katholisch trauen lassen. Der evangelische Partner braucht dazu noch nicht einmal eine Einwilligung des zuständigen evangelischen Pfarramtes. Bedenken Sie aber, daß Sie bei einer katholischen Trauung folgende Glaubensvorstellungen schriftlich anerkennen müssen:

- Unauflöslichkeit der Ehe
- Bejahung des Kindes
- Erziehung der Kinder im katholischen Glauben (auch dann, wenn das Ehepaar unterschiedlichen Konfessionen angehört).

Ist einer der Partner geschieden, müssen Sie folgendes beachten:

- Wurde die erste Ehe in der katholischen Kirche geschlossen, muß sie zusätzlich zur zivilen Scheidung auch vor einem kirchlichen Gremium für nichtig erklärt werden, was meist sehr kompliziert ist.

Wenn die erste Ehe dagegen nur standesamtlich, in einer evangelischen Kirche oder nach dem Ritus einer anderen Glaubensrichtung geschlossen wurde, kann der geschiedene Partner unter Umständen katholisch getraut werden.

Evangelische Trauung

Auch wenn einer der Partner katholisch ist und der andere evangelisch, können Sie sich evangelisch trauen lassen, allerdings benötigen Sie dazu eine Erlaubnis des zuständigen katholischen Pfarramtes.

Falls einer der beiden Partner oder beide Partner geschieden sind, brauchen Sie zusätzlich eine Ausnahmegenehmigung. Ob sie erteilt wird, entscheidet üblicherweise der Pfarrer, der die Traugespräche führt und der auch die Trauung halten soll, in Absprache mit dem Dekan. Auch in der evangelischen Lehre ist die Ehe ihrem Wesen nach unauflöslich. Eine zweite evangelische Trauung ist daher ein Sonderfall und bedarf ausführlicher Vorgespräche mit dem zuständigen Pfarrer.

Ökumenische Trauung

Über diese Form der kirchlichen Vermählung herrschen meist nur recht vage Vorstellungen. Es handelt sich nicht um eine »katholisch-evangelische Mischung«, vielmehr um eine evangelische Trauung mit katholischem Beistand beziehungsweise um eine katholische Trauung mit evangelischem Beistand.

Die Hauptverantwortung einer ökumenischen Trauung liegt bei dem Pfarrer, in dessen Gemeinde Sie kirchlich heiraten. Der Geistliche der anderen Konfession wird nach den ersten Absprachen informiert und dann in die Planungen einbezogen. Wenden Sie sich daher zuerst an den Geistlichen, in dessen Kirche Sie heiraten möchten.

Bei einer ökumenischen Trauung gestalten der evangelische und der katholische Pfarrer gemeinsam den Gottesdienst.

Juristische Bedeutung der kirchlichen Trauung

Noch einmal ein Wort zur juristischen Seite: Im Gegensatz zu Ländern wie Italien, Griechenland, Großbritannien oder Dänemark, in denen es dem Brautpaar überlassen ist, ob sie ihre Eheschließung kirchlich oder standesamtlich vollziehen wollen, hat in Deutschland die kirchliche Trauung keinerlei bürgerlich-rechtliche Wirkung. Das bedeutet, daß vor dem Gesetz nur die Eheschließung durch den Standesbeamten Gültigkeit hat. Diese Ziviltrauung ist auch die Voraussetzung für die kirchliche Vermählung, wobei es keine Rolle spielt, wieviel Zeit zwischen standesamtlicher und kirchlicher Trauung liegt – zwei Stunden oder zwanzig Jahre. Sie müssen entscheiden, ob und wann Sie Ihre Ehe kirchlich segnen lassen möchten.

Ob Sie sich evangelisch, katholisch oder ökumenisch trauen lassen, ist nicht nur eine Formsache. Jede Konfession hat etwas unterschiedliche Vorstellungen von der Ehe – so gehört beispielsweise zur katholischen Ehe immer auch die Bejahung von Kindern.

Wir laden ein zum Fest

Die Formalitäten haben Sie schon hinter sich, jetzt können Sie Ihre Gäste zur Feier im kleinen Kreis oder zum rauschenden Ball einladen... Einladungen, Menükarten und Tischordnung – all das will jetzt geplant sein.

Termin und Kosten

Legen Sie ganz zu Beginn Ihrer Hochzeitsplanung den Termin der Trauung und der Feier fest. Idealerweise sollte man sich sechs bis neun Monate vor dem großen Ereignis die ersten Gedanken darüber machen. Auch den Rahmen der Feier – und damit die entsprechenden Kosten – sollten Sie frühzeitig mit Ihrem Partner besprechen.

Der richtige Termin

Bevor Sie sich für einen bestimmten Hochzeitstermin entscheiden und die Einladungen in Angriff nehmen, sollten Sie zunächst überlegen, wie Sie Ihr Hochzeitsfest gestalten möchten. Soll Ihre Vermählung lieber im Sommer, zwischen bunten Blumen, draußen im Freien oder ganz romantisch bei Kerzenschein, Glühwein und frischgefallenem Schnee gefeiert werden? Denken Sie daran, Ihren Arbeitgeber rechtzeitig zu informieren, wenn Sie Urlaub nehmen müssen oder längere Flitterwochen planen. Falls Sie ein großes Fest feiern möchten, sollten Sie beim Termin auch an die Gäste denken. Samstagabend ist für die meisten ein günstiger Termin. Man hat genügend Zeit, sich vorzubereiten, auswärtige Gäste können schon Freitagabend anreisen, und am Sonntag kann man gemütlich ausschlafen…

Legen Sie Ihren Hochzeitstermin nicht gerade in eine der Haupturlaubszeiten, wenn alle verreist sind. Mit besonderen Gästen, die Sie am Tag Ihrer Hochzeit unbedingt um sich haben möchten, sollten Sie den Termin vorher besprechen oder ihnen das Datum zumindest rechtzeitig bekanntgeben.

Auch im Winter hat Heiraten Hochkonjunktur. Kümmern Sie sich daher rechtzeitig um einen Termin in Ihrer Wunschkirche.

Frühzeitig planen!

Beginnen Sie früh genug mit der konkreten Planung, besonders wenn Sie einen der beliebten Hochzeitsmonate Mai, Juni oder Dezember ins Auge gefaßt haben. In diesen Monaten sind begehrte Hochzeitskirchen, Restaurants, Hotels und Standesämter oft schon restlos ausgebucht, denn so viele

Samstage gibt es in diesen Hoch-Zeiten der Heiratslustigen nun einmal nicht (oft muß schon ein Jahr im voraus reserviert werden). Verzweifeln Sie nicht, wenn Sie in diesen beliebten Monaten keinen Termin mehr bekommen: Auch im September oder Oktober kann es schöne Tage geben, an denen die Braut im zarten Traum aus Tüll nicht vor Kälte zu zittern braucht.

Die heilige Dorothea (ganz links im Bild) gilt als Patronin des frischgetrauten Ehepaares.

Kosten der Hochzeit

Daß sich die Leute für eine Hochzeit früher des öfteren finanziell übernommen haben, belegt ein Erlaß von Kaiser Karl V., der im 16. Jahrhundert aus Sorge um seine Untertanen dem zügellosen Feiern ein Ende machen wollte: »Außer den Familien der Braut und des Bräutigams dürfen nicht mehr als vierzig Freunde der beiden Seiten zusammen eingeladen werden, und das Fest darf nur vom Hochzeitstag bis zum nächsten Mittag dauern.« Doch der Kaiser war weit weg, und kein

Heilige und der günstige Hochzeitstermin

Für die Wahl des richtigen Hochzeitstermins können Sie auch einen Blick in den »Himmel« riskieren. Früher wandte man sich in Liebesangelegenheiten gerne an Heilige, die man besonders dann anrief, wenn etwas nicht so recht klappen wollte... Hier die wichtigsten Daten aus dem Heiligenhimmel:

- 21. Januar

Tag der heiligen Agnes; sie ist Schutzpatronin der Verlobten.

- 6. Februar

Die heilige Dorothea kümmert sich um Frischvermählte.

- 14. Februar

Der heilige Valentin stiftet gute Ehen.

- 19. März

Der heilige Joseph ist Schutzpatron der Eheleute und der Familie.

- 11. Mai

Der heilige Gangolf soll die eheliche Treue überwachen.

- 13. Juni

Der heilige Antonius von Padua beschützt die Liebenden. Er gilt als Patron der Ehe und wird von Frauen, besonders von Bräuten angerufen.

- 26. Juli

Die heilige Anna soll für reichlichen Kindersegen in der Ehe sorgen.

- 21. Oktober

Die heilige Ursula soll verhindern, daß bei der Hochzeit etwas schiefgeht.

- 6. Dezember

Der heilige Nikolaus ist Schutzpatron der heiratslustigen Mädchen und wurde von Ehepaaren früher dann angerufen, wenn der Nachwuchs ausblieb.

Den richtigen Termin zu finden für Ihr Hochzeitsfest ist der erste Schritt Ihrer Planung. Wenn Sie gerne in einem exotischen Land heiraten oder dort Ihre Flitterwochen verbringen möchten, berücksichtigen Sie, daß dort eine andere Jahreszeit herrscht – Regenzeit in den ersten Ehewochen muß nicht sein!

Die schönste Hochzeit muß nicht unbedingt die teuerste sein. Mit Originalität setzen Sie auch bei einem kleineren Budget die entscheidenden Akzente, die Ihr Fest zum unvergeßlichen Erlebnis machen.

Mensch hat sich an seinen Aufruf zur Sparsamkeit gehalten. Es wurde weiterhin tagelang gefeiert, ganze Dörfer wurden eingeladen, und so mancher Brautvater zahlte jahrelang an den Schulden für die Hochzeit seiner Tochter.

Wer bezahlt die Rechnungen?

Noch vor einigen Jahrzehnten haben üblicherweise die Eltern der Braut das Hochzeitsfest ausgerichtet. Da heutzutage viele Paare schon vor der Ehe zusammenwohnen, ist die alte Sitte, daß die Brauteltern ihre Tochter mit dem Hochzeitsfest aus der Familie entlassen, weitgehend bedeutungslos geworden. Außerdem besteht kaum noch die gesellschaftliche Verpflichtung, eine Hochzeit im großen Stil zu feiern. Niemand muß sich wegen äußerer Zwänge auf Jahre hinaus verschulden, wie es in manchen Kulturen bis heute üblich ist.

Feste Regeln, wer die Kosten trägt, gibt es bei uns nicht mehr; man geht eher pragmatisch vor, spricht sich ab und teilt die Kosten. Ist das Brautpaar schon längere Zeit berufstätig, hängt die Beteiligung der Eltern an den Kosten mehr oder weniger von deren Großzügigkeit und finanziellen Verhältnissen ab.

Wenn Sie die Kosten Ihrer Hochzeit aufteilen wollen, raten wir dringend zu genauen Abmachungen. Vergessen Sie dabei nicht, daß derjenige, der bezahlt, sich unter Umständen auch in Ihre persönlichen Entscheidungen einmischen könnte ...

Bei einer aufwendigen Bewirtung der Hochzeitsgesellschaft sollten Sie genügend Trinkgeld für das Personal einkalkulieren.

Kostenkalkulation

Spätestens bei der Einschätzung Ihres Budgets und bei der Aufstellung aller Kosten sollten Sie die Romantik etwas hintanstellen. Selbst wenn Sie in dieser Planungsphase die Anzahl Ihrer Gäste noch nicht genau einschätzen können, ist es wichtig, sich bereits rechtzeitig einen Überblick über die finanziellen Belastungen zu verschaffen. Lassen Sie sich zu allen größeren Posten – Restaurant, Hochzeits- oder Partyservice, Autoverleih, Fotograf etc. – Kostenvoranschläge geben, damit Sie die zu erwartenden Kosten überschlagen können. Am besten tragen Sie die voraussichtlichen Ausgaben in die nebenstehende Kalkulation ein, damit Sie wissen, wieviel die Hochzeitsfeier, die Sie in Gedanken planen, ungefähr kostet wird. Vielleicht stellt sich dabei heraus, daß bei dem einen oder anderen Posten gespart werden sollte oder daß das Hochzeitsmenü nun doch opulenter ausfallen darf.

Am sinnvollsten ist es, den finanziellen Rahmen Ihrer Hochzeit in allen Einzelheiten zu besprechen – und zwar, bevor Sie Gäste einladen und bindende Vereinbarungen mit

Musikern, Restaurants, Fotografen oder der Schneiderin treffen. Falls sich Ihre Eltern oder andere Verwandte an den Kosten beteiligen, sollten Sie die Aufstellung auch mit ihnen durchgehen. Auseinandersetzungen sind leider vorprogrammiert, wenn man nach der Hochzeit auf einem Berg unbezahlter Rechnungen sitzt, für die sich keiner zuständig fühlt. Die folgenden Preisangaben sind nur grobe Richtwerte, die tatsächlichen Ausgaben richten sich natürlich nach Rahmen und Umfang Ihrer Feier.

Checkliste für eine erste Kalkulation

	DM
• Gebühren für das Standesamt (ca. 70 DM)	______
• Kirchliche Trauung (Spenden und Ausgaben für Blumenschmuck)	______
• Hochzeitskleidung (Brautkleid, Anzug, Accessoires etc., ca. 3000 DM)	______
• Trauringe (ca. 500 DM)	______
• Hochzeitstorte (ca. 400 DM)	______
• Friseur, Make-up (ca. 200 DM)	______
• Fotograf, Videofilmer (ca. 300 bis 1000 DM, je nach Dauer und Aufwand)	______
• Fahrzeugverleih (Kutsche ab ca. 500 DM, Rolls-Royce ab ca. 300 DM – je nach Ausstattung und Leihdauer)	______
• Brautstrauß (ca. 100 DM), Blumendekoration für das Auto (ca. 200 DM) und Tischschmuck (ca. 30 DM je Tisch)	______
• Einladungs-, Tisch- und Menükarten (ca. 5 DM pro Karte)	______
• Bewirtungskosten (Speisen und Getränke) pro Person unter Berücksichtigung der voraussichtlichen Anzahl der Gäste (ca. 120 DM)	______
• Wenn nicht im Restaurant gefeiert wird: Saalmiete, Zelt, Mobiliar, Geschirr, Beleuchtung, Personal, Kosten für Party- oder Veranstaltungsservice etc.	______
• Musik und Unterhaltung (Band ca. 3000 DM)	______
• Eventuell Übernachtungskosten, Taxis etc.	______
Summe	______

Bedenken Sie bei der ersten Kostenkalkulation, daß immer noch unerwartete Ausgaben nötig werden können oder einiges sich als teurer erweist. Runden Sie daher die einzelnen Posten großzügig auf, wenn Sie die Kosten Ihrer Hochzeit überschlagen.

Einladungskarten

Schon auf der Einladungskarte sollte der Gast erfahren, was ihn erwartet. Wird nur im kleinen Kreis gefeiert, oder ist er zum rauschenden Hochzeitsball mit festlichem Diner geladen? Findet die Feier etwa im Freien statt? Was soll man bloß anziehen? Eine vollständige Einladung enthält alle wichtigen Informationen über das Fest.

Klären Sie den Rahmen Ihrer Hochzeit sowie Termin und Ort ab, bevor die Einladungen geschrieben oder gedruckt werden. Wenn Sie Gäste aus dem Ausland erwarten oder ein Hochzeitsweekend planen, für das sich der eine oder andere einen Tag freinehmen muß, sollten Sie die Einladungen spätestens zwei bis drei Monate vor der Hochzeit verschicken. (Es kostet übrigens keinen Pfennig mehr und ist wesentlich dekorativer, Sondermarken statt normaler Briefmarken auf den Umschlag zu kleben.) Die Gäste müssen genügend Zeit haben, Ihre Hochzeit mit den eigenen Terminen abzustimmen und Ihnen ihre Zu- oder Absage rechtzeitig durchzugeben. Spätestens vier Wochen vor der Hochzeit sollten Sie alle Antworten bekommen haben, um exakt planen zu können.

Eine Einladungskarte gibt dem Gast alle wichtigen Informationen über die Hochzeitsfeier. Sie sollte Termin und Ort der Feier sowie Namen und Adresse der Gastgeber enthalten.

Wer wird eingeladen?

Wenn Sie sich über den Rahmen Ihrer Hochzeit bereits im klaren sind und mittels der Checkliste überschlagen haben, wie hoch die Bewirtungskosten pro Gast ausfallen werden, können Sie die Größe der Hochzeitsgesellschaft festlegen. Braut und Bräutigam sollten sich in jedem Fall gemeinsam überlegen, wen sie einladen. Mit einer Einladung zur Hochzeit kann man sich bei Menschen, die einem nahestehen, für Freundschaft, Zuverlässigkeit und Nähe bedanken. Eine Hochzeit ist natürlich auch ein Familienereignis, deshalb gehören die engsten Verwandten einfach dazu. Normalerweise lädt man Eltern, Großeltern und Geschwister (mit deren Partnern und Kindern) des Brautpaares ein. Meist stehen auch Onkel, Tanten, Cousins, Cousinen, Paten, Trauzeugen und sehr gute Freunde auf der Gästeliste. Arbeitskollegen werden nur dann eingeladen, wenn über die Arbeit hinaus auch in der Freizeit ein freundschaftliches Verhältnis herrscht. Eigentlich sollte niemand nur aus Pflichtgefühl eingeladen werden. Lassen Sie sich nicht unter Druck setzen, und laden Sie nur die Leute ein, die Sie wirklich um sich haben möchten.

Diejenigen, die Sie zwar über Ihren entscheidenden Schritt informieren, aber nicht zum Fest einladen möchten, bekommen eine Hochzeitsanzeige (siehe Seite 64).

In Druckereien finden Sie eine große Auswahl schöner Karten – sicher ist auch für Sie die richtige dabei.

Die Gästeliste

Haben Sie sich geeinigt, wen Sie einladen, legen Sie am besten eine Gästeliste mit vier Spalten an. In die linke Spalte schreiben Sie die Namen der Gäste, mit Nummern versehen, untereinander. Am besten führen Sie dabei jede Person einzeln auf (also nicht nur »Schneiders«, sondern »1. Marion Schneider, 2. Alfred Schneider« usw.). Das erleichtert das Zählen, hilft Ihnen später beim Schreiben der Tischkarten und hat außerdem den Vorteil, daß Sie bei Absagen einzelner Familienmitglieder nur einen Namen durchstreichen müssen. (Beispielsweise muß Marion Schneider wegen einer wichtigen Geschäftsreise absagen, ihr Mann und ihre Tochter kommen daher ohne sie zum Fest. Die Lücke, die Marion Schneider auf Ihrer Gästeliste hinterläßt, können Sie dann eventuell mit dem Namen eines anderen Gastes auffüllen.)

Rechts neben den Gästenamen, in die zweite Spalte, tragen Sie ein, wann Sie die Einladung verschickt haben. Daneben legen Sie eine Spalte für die Zusage und eine Spalte für die endgültige Anwesenheit beim Fest an. (Gerade bei großen Hochzeitsfeiern kommt es manchmal vor, daß ein Gast zuerst zusagt und dann doch wieder absagen muß.) Falls Sie vor lauter Trubel und Nervosität an Ihrem großen Tag später nicht mehr wissen sollten, ob die entfernte Tante tatsächlich zum Fest gekommen ist, kann ein solcher Vermerk ganz hilfreich sein.

Wer zu Polterabend, Sektempfang, Standesamt und kirchlicher Trauung unterschiedliche Gäste einlädt, sollte für jeden dieser Anlässe eine eigene Gästeliste anlegen, um den Überblick zu behalten. Auch für Leute, die nur eine Hochzeitsanzeige erhalten, führt man am besten eine eigene Liste.

Einladungskarten – alles im Griff

- Die Karten werden ca. drei Monate vor der Feier verschickt.
- Eine Kleiderempfehlung – ob Sie im großen Rahmen oder ganz leger feiern – ist immer sinnvoll.
- Legen Sie auswärtigen Gästen eine Liste von Hotels bei, oder organisieren Sie Privatunterkünfte. Klären Sie, wer die Zimmerreservierung übernimmt.
- Wenn Sie nicht zu Hause feiern, legen Sie einen Lageplan Ihres Festlokals bei.
- Um den Gästen Ihre Geschenkwünsche mitzuteilen, können Sie auf Ihren Hochzeitstisch oder Ihre Geschenkeliste verweisen.
- Geben Sie unbedingt einen Termin an, bis zu dem Sie die Zu- oder Absage erhalten möchten.

Stimmen Sie die Einladungen auf den Charakter Ihrer Hochzeitsfeier ab. Wählen Sie eine edle Karte zur klassischen Feier und eine witzige Variante zum unkonventionellen Fest.

Gestaltung der Einladungskarten

Wie Sie die Einladungskarten gestalten, hängt ganz von Ihrem persönlichen Geschmack ab. Vielleicht orientieren Sie sich am Stil Ihres Hochzeitsfestes: Wenn Sie im kleinen Rahmen feiern, können Sie ruhig handschriftlich einladen. Für die klassische Hochzeitsfeier mit vielen Gästen ist es vielleicht stilvoller, die Einladungen drucken zu lassen. In beiden Fällen bleibt die Gestaltung der Karten Ihnen überlassen: feines Bütten oder bunter Karton, verschnörkelte Schreibschrift oder ganz schlicht. Offiziell muß nicht langweilig sein. Entwerfen Sie ruhig auch originelle und individuelle Karten. Sie können sich auf das Motto des Festes beziehen, ein Foto des Brautpaares, ein passendes Zitat oder einen witzigen Comic einbauen… Denken Sie bei aller Kreativität nur daran, daß Hochzeitsanzeigen, Einladungen, Tisch- und Menükarten sowie Danksagungen in einem einheitlichen Stil und aufeinander abgestimmt sein sollten.

Für den Text der Einladung gilt folgende Regel, die heutzutage jedoch etwas lockerer gehandhabt wird: Wer die Hochzeitsfeier ausrichtet, lädt auch ein. Sind es beispielsweise die Eltern der Braut, stehen ihre Namen (ohne eventuelle akademische Titel) auch auf der Einladungskarte. Gleich darunter wird der Anlaß der Einladung mit Nennung von Datum, Uhrzeit und Ort der Feier angegeben.

Kleiderordnung

Sie können Ihren Gästen natürlich nicht vorschreiben, was sie anzuziehen haben, Sie können und sollen aber eine Kleiderempfehlung geben und dies links unter dem Text der schriftlichen Hochzeitseinladung angeben. Fast jeder fühlt sich unwohl, wenn er »overdressed« oder im völlig falschen Outfit gekommen ist. Man schreibt entweder »dunkler Anzug«, »großer Gesellschaftsanzug«, »Frack oder Smoking« oder ganz pauschal »Gesellschaftskleidung« und informiert die Gäste damit, in welchem Rahmen gefeiert wird. Eine Angabe wie »Frack oder Smoking« gibt natür-

Bei der Gestaltung der Einladungskarte sind Ihrer Phantasie keine Grenzen gesetzt – Hoch- oder Querformat, schlicht oder aufwendig mit Applikationen.

lich nicht nur den Männern einen Orientierungsrahmen, auch den weiblichen Gästen wird damit unterschwellig signalisiert, daß sie im langen Kleid erscheinen sollten.

Wer seine Hochzeit unter ein Motto stellt, das eine besondere Kleidung verlangt, muß das den Gästen natürlich auf der Einladung mitteilen. Da kann es heißen: »Wir bitten zum ländlichen Hochzeitsfest.« Oder: »Wir laden ein zur Biedermeier-Hochzeit.« Mit diesen Angaben geben Sie keine direkte Kleiderordnung vor, sondern überlassen es Ihren Gästen, sich entsprechend anzuziehen. Im Grunde kann man auch von niemandem verlangen, daß er sich für einen einzigen Tag komplett neu ausstaffiert. Die Gäste werden sich bei ihrer Kleiderwahl zumindest am angegebenen Motto orientieren, das sollte genügen.

Wird in einem Zelt oder sogar im Freien gefeiert, sollten Sie das auf der Einladung erwähnen, damit die Gäste sich etwas Wärmeres für den Abend mitbringen.

Um Antwort wird gebeten

Ganz wichtig für die Organisation Ihres Festes ist das berühmte »U.A.w.g.« oder »R.S.V.P.« (*»Um Antwort wird gebeten«* oder französisch: *»Réponse, s'il vous plaît«*) unten rechts auf der Einladung. Wem das zu formell klingt, schreibt beispielsweise: *»Wir würden uns über Eure Zusage bis zum ... sehr freuen.«* Sie sollten auf jeden Fall einen festen Termin angeben, bis zu dem Sie die Zu- oder Absage der Gäste erwarten. Ungefähr vier Wochen vor dem Hochzeitstermin sollten Sie endgültig wissen, wie viele Personen kommen. Legen Sie der Einladung eventuell eine Rückantwortkarte bei, und natürlich darf auch Ihre Adresse mit Telefon- und/oder Faxnummer nicht fehlen. Praktisch ist in solchen Fällen ein Anrufbeantworter oder ein Faxgerät, damit Sie immer zu erreichen sind.

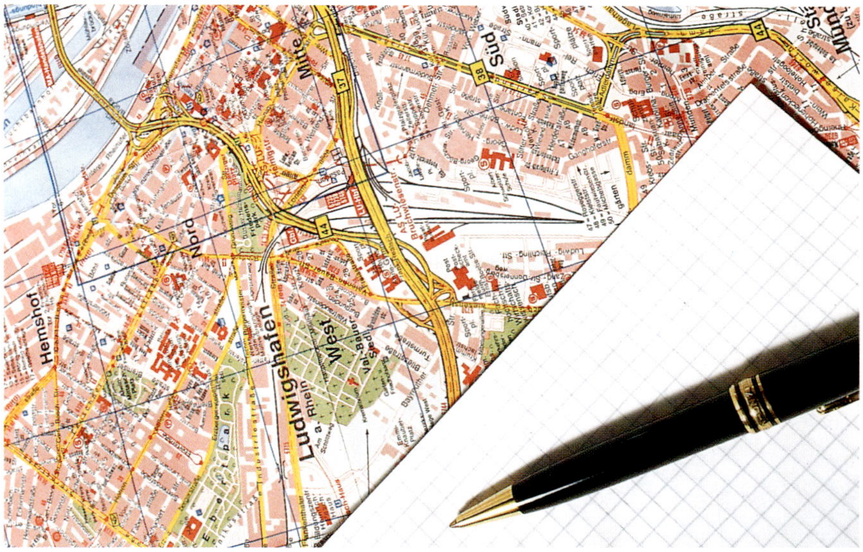

Ein Lageplan erstellt man am besten mit einer Kopie aus dem Stadtplan.

Lageplan

Damit Ihre Gäste auch pünktlich erscheinen und niemand entnervt herumirrt, um den abgelegenen Landgasthof oder das etwas versteckte Standesamt zu finden, ist es ganz praktisch, der Einladung auch einen genauen Lageplan mit einer Wegbeschreibung beizulegen. Gute Hotels und Restaurants haben meistens einen Hausprospekt, in dem die Anfahrt ausführlich erklärt wird. Sie können diesen kopieren oder einen Lageplan selbst anfertigen, indem Sie den entsprechenden Ausschnitt aus einem Stadtplan kopieren und eventuell vergrößern. Anschließend markieren Sie mit einem farbigen Stift, wo sich Kirche, Standesamt, Hotel oder Festlokal befinden. Geben Sie zur Sicherheit auch hier noch einmal alle Adressen mit den Telefonnummern an.

Bereiten Sie Ihre Gäste geschickt auf das Hochzeitsfest vor, und schalten Sie damit Pannen von vornherein aus. Hinweise zur Kleiderordnung, zum Rahmen der Feier und, wenn nötig, ein Lageplan des Restaurants sind unverzichtbare Bestandteile Ihrer Einladung.

Einladungen sind die Visitenkarte Ihrer Hochzeitsfeier. Verwenden Sie daher nicht nur auf die Gestaltung viel Mühe, sondern wählen Sie auch schöne Kuverts. Stilecht schreiben Sie die Adressen Ihrer Gäste mit einem Füllfederhalter.

Druck der Karten

Sobald Sie Ihre Vorüberlegungen abgeschlossen haben, schreiben Sie alle Angaben, die auf der Einladungskarte stehen sollen, genau auf. Zählen Sie durch, wie viele Karten Sie brauchen, und denken Sie auch an einige Reserveexemplare. Einladungskarten der unterschiedlichsten Stilrichtungen können Sie nach Ihren Wünschen in jeder Druckerei anfertigen lassen. Es gibt auch Spezialisten, bei denen Sie Ihre persönliche Einladungskarte per Postversand bekommen (siehe Adressenteil). Lassen Sie sich verschiedene Kostenvoranschläge machen, die Preisunterschiede sind oft gewaltig! Bei Druckaufträgen gilt in der Regel: je höher die Anzahl, desto niedriger der Preis pro Stück. Bei einer kleineren Menge werden Sie vielleicht zu den vorgefertigten Karten greifen, die es in Schreibwarenläden oder Spezialgeschäften gibt, und die Informationen für Ihre Gäste handschriftlich eintragen. Sie können Ihre Einladungen natürlich auch selbst schreiben und gestalten.

Eine originell gestaltete Einladungskarte kann Hinweise auf das Motto der Hochzeitsfeier geben.

Verschiedene Gäste zu unterschiedlichen Terminen

Noch ein Tip: Nehmen wir an, Ihr Hochzeitstag besteht aus standesamtlicher Trauung am Vormittag, anschließendem Sektempfang mit Buffet, kirchlicher Trauung am Nachmittag und dem Hochzeitsfest am Abend. Nur einen Teil der Gäste, etwa die Familie und die engsten Freunde, möchten Sie für den gesamten Tag einladen, andere nur für den Empfang, und eine dritte Gruppe schließlich soll nur am Abend dabeisein. Theoretisch brauchen Sie in diesem Fall drei verschiedene Textversionen für Ihre Einladungskarten, denn eine Regel besagt: Jeder Gast wird auf der Einladungskarte nur über den Termin informiert, zu dem er auch eingeladen ist! Die Druckkosten, die Ihnen durch diese unterschiedlichen Texte entstehen würden, können Sie folgendermaßen im Rahmen halten: Auf einer aufklappbaren, schön gestalteten Karte steht nur eine gemeinsame Textvariante (beispielsweise: »Wir heiraten!«), darunter Ihre Namen, das Datum des Hochzeitstages und eventuell die Uhrzeit der kirchlichen Trauung. In diese allgemein gehaltene Hochzeitsanzeige legen Sie ein für die jeweilige Gästegruppe passendes Blatt mit dem entsprechenden Termin ein.

Geschenkwünsche

Bevor Sie die Einladungen verschicken, sollten Sie auch darüber nachdenken, wie Sie Ihre Gäste am besten über Ihre Geschenkwünsche informieren. Die meisten werden für einen kleinen Hinweis ganz dankbar sein, denn wer möchte schon mit seinem Geschenk völlig danebenliegen? Viele Gäste werden von selbst nachfragen, was Sie sich zur Hochzeit wünschen. Vielleicht ist Ihnen auch im Moment ein Geldgeschenk lieber, damit Sie sich später in aller Ruhe etwas Passendes aussuchen können.

Hochzeitstisch

Wer sehr genaue Vorstellungen von seinen Wünschen hat, wählt ein Geschäft, das viele dieser Wunschgegenstände in seinem Sortiment hat (beispielsweise ein Haushaltswarengeschäft), sucht sich dort die gewünschten Artikel aus und vermerkt auf der Einladung folgende Notiz: *»Unser Hochzeitstisch steht ab dem 15. April bei ›Form und Design‹, Hauptstraße 9, 86542 München, Tel. 0 89/ .... bereit. Die Öffnungszeiten sind ...«* Denken Sie daran, Geschenke in unterschiedlichen Preisklassen auszusuchen.

In diesem Geschäft werden die von Ihnen ausgesuchten Artikel (mit Preisangaben) auf einem Tisch, dem sogenannten Hochzeitstisches, dekoriert. Die Hochzeitsgäste können dort ein Geschenk wählen, das dem Brautpaar wirklich gefällt.

Geschenkeliste

Als Alternative können Sie eine Liste mit all Ihren Wünschen anfertigen. Dann lautet die Notiz auf der Hochzeitseinladung folgendermaßen: *»Wir haben eine Geschenkeliste zusammengestellt, die wir Euch gerne zuschicken.«*

Um Verwechslungen zu vermeiden, sollten alle Objekte dieser Wunschliste ausführlich beschrieben werden. Geben Sie Markennamen, Firma, Artikelnummer, Dekor, Farbe, Größe und Form genau an. Vielleicht schneiden Sie ein Foto aus einem Prospekt aus und kleben es dazu. Vergessen Sie nicht die Preisangaben, und denken Sie daran, daß sämtliche Preisklassen vertreten sein sollten.

Die Liste erreicht am einfachsten alle Hochzeitsgäste, wenn Sie entweder auf der Rückseite oder einem Begleitblatt die Adressen aller, die hiervon etwas schenken möchten, angeben. Hat sich ein Gast für ein Geschenk entschieden (und es auch tatsächlich gekauft), streicht er diesen Gegenstand auf der Liste durch und schickt sie an denjenigen, dessen Adresse als nächste folgt.

Sie können auch das Original der Geschenkeliste behalten und eine Kopie auf Anfrage zuschicken. Der Schenkende sucht sich etwas aus, streicht den entsprechenden Gegenstand durch und schickt die Liste wieder zurück (was natürlich den Nachteil hat, daß Sie schon genau wissen, was Sie geschenkt bekommen).

Früher erhielt die Braut von ihren Eltern zur Hochzeit Gegenstände zur Einrichtung ihres neuen Haushaltes, die sogenannte Aussteuer.

Viele Paare leben heutzutage schon vor der Hochzeit in einem gemeinsamen Haushalt. Da sie in diesem Fall die üblichen Aussteuergeschenke schon haben, ist es durchaus legitim, statt dessen um ein Geldpräsent zu bitten.

Denken Sie daran, rechtzeitig einen Abholdienst oder eine Mitfahrgelegenheit (zu Standesamt, Kirche, Restaurant, Hotel) für auswärtige Gäste zu organisieren, die nicht mit dem Auto, sondern der Bahn oder dem Flugzeug anreisen.

Machen Sie für Ihre Gäste Übernachtungsmöglichkeiten in verschiedenen Preisklassen ausfindig.

Übernachtungsmöglichkeiten für die Gäste

Fragen Sie zunächst bei Freunden und Verwandten nach; vielleicht ist jemand bereit und hat genügend Platz, um einen oder mehrere Gäste aufzunehmen. Bei einer großen Hochzeitsfeier, zu der viele Gäste von auswärts anreisen, werden vermutlich nicht genügend private Übernachtungsmöglichkeiten zur Verfügung stehen. In diesem Fall können Sie die Kosten für die Hotelzimmer Ihrer Gäste übernehmen, doch heutzutage ist es durchaus üblich, daß die Hochzeitsgesellschaft ihre Zimmer selbst bezahlt. Damit es kein böses Erwachen gibt, sollten Sie die Gäste allerdings vorher darüber informieren, ob sie für die Übernachtungskosten selbst aufkommen müssen oder nicht. Der entsprechende Hinweis auf der Einladung könnte so aussehen: *»Die Hotelrechnung übernehmen wir.«* Oder: *»Es tut uns leid, aber bitte haben Sie Verständnis, daß wir wegen der zahlreichen Gäste die Kosten für die Übernachtung nicht übernehmen können.«*

Wenn Sie sich dafür entschieden haben, daß Ihre Gäste selbst für die Übernachtung aufkommen, ist es sinnvoll, bereits der Hochzeitseinladung eine Liste mit genauen Preisangaben, Adressen, Fax- und Telefonnummern verschiedener Unterkünfte beizulegen, damit sie sich in Ruhe ein Zimmer aussuchen können. Auf dieser Liste sollten Sie ebenfalls angeben, bis wann sich die Gäste bei Ihnen melden sollen, damit Sie die Zimmer reservieren können. Einfacher ist es natürlich, wenn die Gäste ihre Übernachtungsmöglichkeiten gleich selbst buchen. Sie könnten das ungefähr so formulieren: *»Es wäre nett, wenn Ihr uns bis spätestens ... benachrichtigen würdet, für welches Zimmer Ihr Euch entschieden habt; wir kümmern uns dann um die Reservierung. Wer möchte, kann natürlich auch gleich selbst buchen.«*

Hochzeitsanzeigen

Eine Hochzeitsanzeige wird an alle geschickt, die zwar nicht zum Fest eingeladen sind, aber trotzdem eine persönliche Mitteilung über Ihre Heirat bekommen sollen. Das können entfernte Verwandte, Bekannte, Mitstreiter in Vereinen und Organisationen, Kollegen, Ihr Chef oder Geschäftsfreunde sein. Verschicken Sie die Anzeigen entweder nach der Hochzeit (mit dem Text »Wir haben geheiratet!«) oder kurz davor (»Wir heiraten!«), damit der Empfänger, wenn er möchte, eine Glückwunschkarte oder einen Blumenstrauß schicken kann.

Zeitungsanzeigen

Gerade in größeren Städten ist die Hochzeitsanzeige per Zeitungsinserat heute eher ungewöhnlich geworden. Wer sich aber gesellschaftlich verpflichtet fühlt, einen größeren Kreis über seine Heirat zu informieren, kann in der örtlichen Tageszeitung ein Inserat aufgeben. Die Preise richten sich üblicherweise nach der Größe der Anzeige und der Auflagenhöhe der Zeitung. Die Anzeige sollte am Hochzeitstag erscheinen. Setzen Sie sich daher rechtzeitig mit der Anzeigenabteilung der Zeitung in Verbindung (erkundigen Sie sich vorher, welche Vorlaufzeit nötig ist).

Geben Sie im Inserat den Termin und den Ort der kirchlichen Trauung an, bedeutet das, daß Gäste bei der Hochzeitszeremonie in der Kirche erwünscht sind. Sie können die Zeitungsanzeige natürlich auch zwei Tage später erscheinen lassen, dann eben mit dem Text: »Wir haben geheiratet!«.

Tisch- und Menükarten

Die Gestaltung der Tisch- und Menükarten sollte einheitlich sein, zum Stil des Lokals und zum Rahmen der Hochzeit passen. Die Karten dienen nicht nur der Information (wer sitzt wo, was gibt es zu essen?), sondern sind auch ein wichtiger Bestandteil der Tischdekoration. Man kann Tisch- und Menükarten bereits fertig kaufen oder wie die Einladungen nach eigenen Vorstellungen selbst gestalten und drucken lassen. Da sie oft von den Gästen als Erinnerung mit nach Hause genommen werden, ist es eine nette Idee, die Namen des Brautpaares und das Datum der Hochzeit aufdrucken zu lassen.

Tischkarten

Die Tischkarten helfen den Gästen bei der Orientierung. Außerdem stellen sie sicher, daß jeder auch an dem Platz sitzt, den Sie ihm zugedacht haben. Jeder Gast findet an seinem Platz ein visitenkartengroßes Kärtchen mit seinem vollständigen Namen vor (also nicht nur »Tante Heide« oder »Onkel Herbie« schreiben!). Die Karte steht nicht rechts oder links vom Gedeck, sondern meist in der Mitte, am oberen Tellerrand. Sie muß eindeutig einem bestimmten Sitzplatz zugeordnet sein. Denken Sie daran, bei einer größeren Hochzeit, bei der sich nicht alle Gäste kennen, auch die Rückseite der Tischkärtchen zu beschriften, damit man sein unbekanntes Gegenüber mit dem richtigen Namen ansprechen kann.

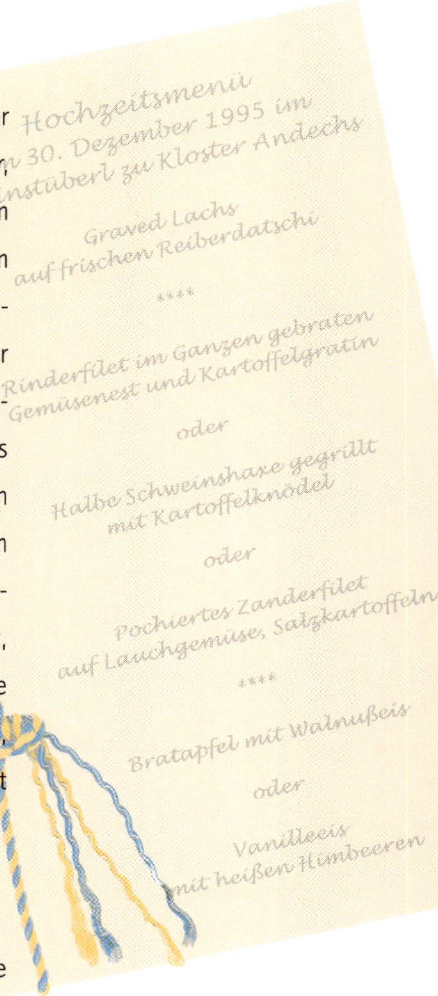

Menükarten

Auf den Menükarten steht die genaue Speisen- und Getränkefolge. Sie liegen bereits auf den Tischen, wenn die Hochzeitsgesellschaft Platz nimmt. So kann jeder in Ruhe entscheiden, welche Alternative er bei den Gängen wählt. Überlegen Sie rechtzeitig, ob Sie für jeden Gast oder nur für jeden Tisch ein Exemplar vorbereiten. Sie können die Menükarten drucken lassen oder, wenn es nicht zu viele sind, von Hand schreiben. In guten Restaurants werden Menükarten häufig gestellt. Klären Sie das auf jeden Fall mit dem Gastwirt oder Hotelier, bevor Sie eigene Karten drucken lassen. Bei aufklappbaren Menükarten stehen in der Regel auf der rechten Seite die Speisen in der Reihenfolge, in der sie serviert werden, und links daneben jeweils die dazugehörigen Getränke.

Auch wenn die Anzahl der Gäste feststeht, ist es besser, ein paar Tisch- und Menükarten in Reserve zu haben – besorgen Sie also lieber ein paar zuviel als zuwenig.

Tischordnung

Sitzt die Brautmutter neben ihrer Tochter oder doch besser neben ihrem Schwiegersohn? Bei der Sitzordnung gibt es einige feste Regeln, die man kennen sollte, um das Hochzeitsfest stilvoll zu gestalten. Nicht zuletzt spiegelt die Sitzordnung auch eine Rangordnung wider, so daß falsches Plazieren möglicherweise einige Gäste verärgern könnte.

Ungefähr zwei Wochen vor der Hochzeit sollten Sie sich mit der Tischordnung befassen. Zu diesem Zeitpunkt sollten auch die letzten Zu- und Absagen eingetrudelt sein – schließlich haben Sie ja auf den Einladungskarten einen Termin angegeben, bis zu dem sich die Gäste gemeldet haben sollten. Bei dem einen oder anderen müssen Sie vielleicht nochmals kurz telefonisch nachhaken oder eine kleine Erinnerungskarte schicken. Alle Zusagen sollten Sie auf Ihrer Gästeliste eintragen, damit Sie genau wissen, wie viele Personen zu erwarten sind. Erfahrungsgemäß ändert sich jedoch noch bis zum Schluß etwas an der Zahl Ihrer Gäste: Vielleicht fällt Ihnen plötzlich noch jemand ein, den Sie spontan einladen möchten. Oder ein Gast, der bereits zugesagt hat, kann überraschend doch nicht kommen. Bleiben Sie flexibel.

Eine stilvoll gedeckte Tafel gibt Ihrer Feier einen festlichen Rahmen.

Wie viele Gäste kommen?

Die Zahl der Gäste geben Sie an den Restaurantbesitzer oder Partyservice weiter, damit sich dieser bei den Einkäufen und der Personalplanung danach richten kann. Und denken Sie daran: Wenn Sie 50 Menüs fest bestellen, müssen Sie auch 50 bezahlen, auch wenn vielleicht nur 46 Gäste gegessen haben. Versuchen Sie deshalb, mit dem Gastronomen für die endgültige Bestellung einen möglichst späten Termin auszuhandeln, und vergessen Sie beim Zählen sich selbst, das Brautpaar, nicht! Übrigens ist es fast immer leichter, die Zahl der Menüs zu erhöhen, als sie zu reduzieren. Bei Stehempfängen und Buffets kommt es auf ein paar Gäste mehr oder weniger nicht an, doch auch

Buffets werden nach der Zahl der Gäste berechnet. Falls Sie eine Live-Band engagiert haben, erhalten natürlich auch die Musiker etwas zu essen. Für das Fünf-Gänge-Menü wird ihnen allerdings die Zeit fehlen.

Wer sitzt wo?

Besprechen Sie mit den zuständigen Personen des Restaurants oder Hotels möglichst frühzeitig die Anordnung der Tische und Stühle. Dabei können Sie natürlich Ihre Wünsche äußern, andererseits sollten Sie aber auch der Erfahrung des Gastronomen vertrauen. Er kennt sein Lokal und weiß, welche Bestuhlung zu der Größe der Hochzeitsgesellschaft paßt und wie das Servicepersonal am besten zurechtkommt. Ein guter Kompromiß wird sich bestimmt finden lassen.

Wenn die Hochzeitsgäste auf mehrere Tische verteilt werden, bekommt der Tisch, an dem Braut und Bräutigam sitzen, natürlich eine Vorrangstellung. Die übrigen Tische können sich beispielsweise in U-Form anschließen (siehe Seite 69). Das Brautpaar sitzt in der Mitte der den Hochzeitsgästen zugewandten Längsseite. Die Braut sitzt rechts vom Bräutigam, neben der Braut der Vater des Bräutigams und neben dem Bräutigam die Mutter der Braut; gegenüber der Braut sitzt ihr Vater, gegenüber dem Bräutigam seine Mutter. Am gleichen Tisch nehmen außerdem die Großeltern des Brautpaares, vielleicht ein Ehrengast und, falls er eingeladen wurde, auch der Pfarrer Platz. Je nach Größe der Ehrentafel sitzen hier auch die Geschwister des Brautpaares, die Trauzeugen, Brautjungfern und der Brautführer.

In einem guten Restaurant hilft Ihnen das Personal, die optimale räumliche Aufteilung vorzunehmen.

Ehrenplatz und Katzentisch

Die Tischordnung gibt in gewissem Sinn auch die Rangordnung unter den Gästen an: je näher beim Brautpaar, desto ehrenvoller der Platz... Bei schwierigen Familienverhältnissen, wenn beispielsweise ein Ehepaar geschieden und verkracht ist, müssen Sie etwas Fingerspitzengefühl beweisen. Sie werden die beiden möglichst weit voneinander entfernt plazieren (also besser nicht nebeneinander oder gegenüber).

Der Kindertisch

Sind mehrere Kinder eingeladen, bietet es sich an, einen eigenen Kindertisch einzurichten. Dort wird ein spezielles, auf den Kindergaumen abgestimmtes, vielleicht etwas weniger aufwendiges Menü serviert. Die kleinen Gäste fühlen sich an ihrem eigenen Tisch wohl; sie können aufstehen, wenn sie gegessen haben, und verschüttete Limonade ist keine Katastrophe. Die meisten Kinder lieben große Feste, besonders wenn

Überlassen Sie Ihre Gäste nicht völlig sich selbst. Vielleicht braucht der eine oder andere etwas Hilfe, um mit seinem unbekannten Tischnachbarn ins Gespräch zu kommen. Sicher haben Sie einen redegewandten Freund oder Verwandten, der sich darum kümmern kann.

Das Wichtigste bei der Tischordnung ist, daß sich die Gäste wohl fühlen. Verzichten Sie deshalb lieber auf völlig extravagante Nachbarschaften, und setzen Sie ruhig die Leute an einen Tisch, die ungefähr im gleichen Alter sind und ähnliche Interessen haben.

sie unter sich sind und nicht ständig die Ermahnungen der Erwachsenen hören müssen. Trotzdem ist es sinnvoll, entweder die Eltern oder einen Ihrer freiwilligen Helfer darum zu bitten, immer mal wieder zumindest einen kurzen Blick auf den Kindertisch zu werfen.

Hilfsmittel »Placement«

Eine Tischordnung behält man nicht so leicht im Kopf. Um das völlige Chaos zu verhindern, ist es daher besser, sich die Sitzverteilung schriftlich zu notieren. Wenn Sie die gesamte Hochzeitsgesellschaft an einem Tisch unterbringen, genügt es, sich auf einem Blatt Papier aufzuzeichnen, wer wo sitzt. Bedeutend schwieriger wird die Sache, wenn Sie eine größere Anzahl von Gästen plazieren müssen. Hier hilft das sogenannte Placement, das Hilfsmittel der Profis für die Erstellung der Tischordnung bei großen Gesellschaften. Man schreibt für jeden Gast ein Kärtchen mit dessen Vor- und Nachnamen, und die Karten werden dann den entsprechenden Tischen zugeordnet.

Konkret gehen Sie folgendermaßen vor: Nehmen Sie sich einen großen weißen Karton im Format des Festsaals und zeichnen Sie, wie bei einem Bau- oder Einrichtungsplan, die Tische ein. Wo die Stühle stehen, schneiden Sie kleine Schlitze in den Karton. In diese werden dann die Kärtchen gesteckt – natürlich so, daß man die Namen lesen kann. Mit diesem Hilfsmittel können Sie den Überblick gar nicht verlieren, Sie werden keinen Gast vergessen oder zweimal plazieren, denn Sie haben ja für jeden Namen genau eine Karte. Sie können jederzeit umarrangieren oder wieder ganz von vorne beginnen, wenn es einfach nicht passen will. Es kostet zwar etwas Zeit, so ein Placement vorzubereiten, aber letzten Endes lohnt es sich.

Beim Fest liegt das Placement zur Orientierung der Gäste am Eingang zum Saal. Vielleicht prägt sich einer Ihrer Freunde oder freiwilligen Helfer die Tischordnung besonders gut ein und hilft den Gästen, möglichst schnell ihren Platz zu finden. Er kann außerdem aufpassen, daß die Karten nicht einfach vertauscht werden.

Der Platz des Brautpaares ist Mittelpunkt des festlich geschmückten Tisches.

Bei vielen Gästen hilfreich: der Sitzplan

Bei einer sehr großen Hochzeitsgesellschaft ist es praktisch, einen Sitzplan in Form einer Liste am Eingang zum Festsaal auszuhängen. Sie schreiben zu jedem Tisch die Namen der Gäste auf, die dort sitzen sollen, damit jeder weiß, wo er Platz nehmen kann. Die Tische im

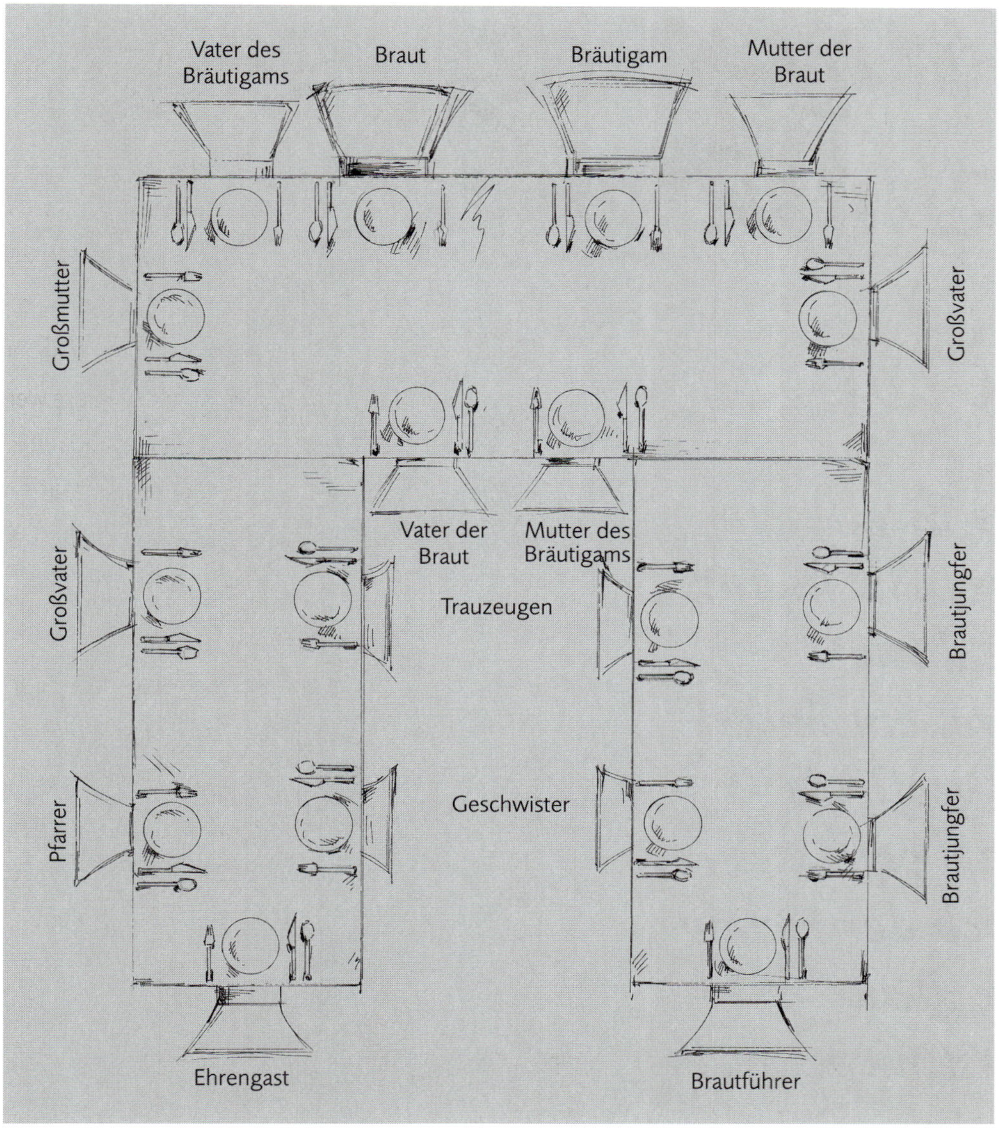

Diese Sitzanordnung in U-Form ist geeignet bei einer kleinen Hochzeitsgesellschaft. Auch bei vielen Gästen können Sie diese Form wählen – verteilen Sie dann die übrigen Leute auf andere Tische.

Betrachten Sie die Sitzordnung nicht als lästiges Übel. Sie können dadurch ganz gezielt die Verwandten Ihrer beiden Familien miteinander bekannt machen, indem Sie sie nebeneinander oder gegenübersetzen.

Regeln für die Tischordnung

- Ehepaare (das Brautpaar selbstverständlich ausgenommen) sitzen nicht nebeneinander.
- Man mischt die Reihen, so daß immer ein Herr neben einer Dame zu sitzen kommt.

Der Sinn dieser Regeln ist, daß die getrennt werden, die sowieso immer zusammen sind. Dadurch kommen sich die beiden Familien und der Freundeskreis schneller näher und lernen sich besser kennen.

Saal müssen dann natürlich markiert werden, entweder mit Nummern oder mit Namen. Zur besseren Orientierung können Sie die Tische zusätzlich in verschiedenen Farben decken lassen. Auch durch Blumendekoration können Sie die Tische eindeutig kennzeichnen, indem es z. B. einen Rosentisch, einen Nelkentisch, einen Blättertisch oder einen mit Sommerblumen gibt. Ihrer Phantasie sind dabei keine Grenzen gesetzt.

Für einen glanzvollen Auftritt

Ein traumhaftes Brautkleid und ein festlicher Anzug für den Bräutigam, dazu glänzende Haare, ein makelloser Teint und gepflegte Hände. Wenn als perfektes I-Tüpfelchen noch der richtige Blumenschmuck dazukommt, kann fast nichts mehr schiefgehen.

Was trägt die Braut?

Ein Märchen aus weißem Tüll, fließendem Chiffon, kostbarer Spitze oder knisternder Seide? Schlicht, sinnlich, schillernd oder sexy? Wie aufwendig soll es sein, und wieviel möchten Sie dafür ausgeben? Das Hochzeitskleid, der Traum jeder Braut, kann ziemliches Kopfzerbrechen bereiten ... Daher sollten Sie sich etwa drei Monate vor dem Hochzeitstermin allmählich Gedanken über Ihr Outfit machen.

Oben eng und unten glockig weit – durch den Materialmix bekommt dieses Kleid einen zusätzlichen Reiz.

Die moderne Braut von heute kann durchaus auch (die) Hosen anhaben. Wenn Sie ein eher sportlicher Typ sind und einen schlichten und klaren Stil bevorzugen, werden Sie vielleicht lieber im festlichen Kostüm oder im raffiniert geschnittenen Hosenanzug vor den Altar treten. Es spricht auch nichts dagegen, ein aufwendiges weißes Hochzeitskleid bei der standesamtlichen Trauung zu tragen. Es gibt fast unendlich viele Kreationen für den großen Tag – sie sind so verschieden wie die Frauen, die sie tragen. Und das ist gut so, denn als Braut sollen Sie sich Träume erfüllen und Ihre Persönlichkeit unterstreichen. Soll Ihr Kleid weiß oder knallrot, lang oder kurz, romantisch oder verwegen sein? Soll es nach der Feier zum Abendkleid umgearbeitet werden? Wenn unkonventionelle, extravagante Kleidung zu Ihrem Image gehört, dann dürfen Sie sich auch als Braut etwas trauen. Wer sich in Stilfragen nicht ganz sicher fühlt, für den gilt die Faustregel: Elegant, aber nicht pompös – weniger ist manchmal mehr. Auch ohne Rüschen, Spitzen und Schleier werden Sie beeindruckend schön aussehen.

> *Stil ist richtiges Weglassen des Unwesentlichen.*
>
> ANSELM FEUERBACH

Kauf des Brautkleids

Einer alten Tradition gemäß darf der Bräutigam die Braut erst am Hochzeitsmorgen in ihrer ganzen Pracht bewundern. Sicherlich aber wollen Sie Ihrem Zukünftigen an diesem Tag besonders gut gefallen, und manche Männer sind in Kleiderfragen ziemlich unberechenbar. Wenn Sie auf seine Meinung bei

der Kleiderwahl Wert legen, dann brechen Sie mit der Tradition! Allein sollten Sie sich im übrigen nie entscheiden – nehmen Sie Ihre beste Freundin oder Mutter oder vielleicht auch die Schwiegermutter mit. Vergessen Sie aber auf keinen Fall: Sie müssen sich vor allem selbst gefallen und sich in Ihrem Kleid wohl fühlen!
Lassen Sie sich weder drängeln noch zu etwas überreden, was Ihnen hinterher nicht zusagt. Probieren Sie in Ruhe verschiedene Modelle an, und überschlafen Sie Ihren Kauf noch einmal.

Das richtige Kleid finden

Eine große Auswahl an Brautkleidern finden Sie im allgemeinen in Brautmodenfachgeschäften, die von romantisch bis ausgefallen viele Variationen vorliegen haben. Wenn Sie dort nicht fündig werden, wird Ihnen ein guter Brautmodenladen Kataloge mit nach Hause geben, aus denen Sie in aller Ruhe andere Modelle wählen können, die Ihr Geschäft dann für Sie bestellen wird.

Schminken Sie sich sorgfältig für die Anprobe, und tragen Sie Ihr Haar in etwa so wie an Ihrem Hochzeitstag. Bereits bei der Auswahl des Kleides sollten Sie so ähnlich aussehen wie an Ihrem großen Tag, um entscheiden zu können, ob der Stil des Kleids zu Ihrer Persönlichkeit paßt.

Verzweifeln Sie im übrigen nicht, wenn Ihnen das Modellkleid nicht sofort paßt. Fast immer sind Änderungen nötig, damit das Kleid für den großen Tag perfekt zu Ihrer individuellen Figur paßt.

Kosten

Besprechen Sie mit der Verkäuferin zu Anfang, wieviel Sie in etwa für Ihr Kleid ausgeben möchten. Einfache Kleider, die man gut mit Accessoires veredeln kann, werden schon ab 300 DM angeboten. Nach oben sind fast keine Grenzen gesetzt – es gibt Hochzeitskleider, die einige tausend DM kosten. Überlegen Sie, ob Sie ein Kleid haben möchten, das Sie auch später zu anderen Anlässen noch tragen können (indem Sie es einfärben oder von einer Schneiderin umarbeiten lassen), oder ob Sie ein festliches Brautkleid bevorzugen, das Sie sich nur noch zur Erinnerung manchmal kurz überstreifen – ein Kleid, das Sie vielleicht einmal Ihrer Tochter und Ihrer Enkelin vermachen …

Ein Kleid nähen lassen

Früher wurde es als Unglückszeichen angesehen, wenn sich die Braut ihr Kleid selbst nähte. Es hieß, dadurch stünde die Ehe von Anfang an unter einem schlechten Stern. Tatsächlich bestand das »Unglück« nur darin, daß die Braut es sich wahrscheinlich nicht leisten konnte, ein Kleid zu kaufen, und daher

Wenn Sie auch sonst gerne Mini tragen, werden Sie sich in einem figurbetonten kurzen Kleid wohl fühlen.

Denken Sie daran, daß bei einem Brautkleid auch die Rückenansicht wichtig ist, denn in Standesamt und Kirche werden Sie von den Gästen lange Zeit aufmerksam von hinten betrachtet.

Kurz, lang, schlicht oder üppig – welcher Stil zu Ihnen paßt, wissen Sie selbst sicher am besten. Bleiben Sie ihm bei aller Experimentierfreude auch bei der Wahl Ihres Brautkleides treu.

selbst Nadel und Faden in die Hand nahm. Heute wird sich vermutlich keine Braut daran wagen, sich selbst ihr Hochzeitskleid zu nähen – es sei denn, sie wäre Schneiderin. Vielleicht möchten Sie an Ihrem großen Tag aber in einem maßgeschneiderten Kleid erscheinen? Gehen Sie in diesem Fall nur zu einer Schneiderin, die Sie bereits kennen oder die Ihnen empfohlen wurde – schließlich muß deren Stil auch zu Ihrer Persönlichkeit passen. Lassen Sie sich auf jeden Fall andere Näharbeiten der Schneiderin zeigen, bevor Sie ihr einen Auftrag erteilen. Die Kosten für das Schneidern betragen ca. 500 DM, dazu kommen natürlich noch die Ausgaben für den Stoff (von 350 bis 2000 DM je nach Stoffart und Länge Ihres Kleids).

Weniger ist oft mehr. Raffinierte Details wie glänzender Stoff und ein schöner Ausschnitt machen schlichte, edle Kleider zum Blickfang.

Ein Kleid ausleihen

Viele Bräute legen heute keinen Wert mehr darauf, ein ganz persönliches Kleid an ihrem großen Tag zu tragen. Es gibt daher inzwischen Leihfirmen, bei denen Sie sich das passende Kleid für einen Tag ausleihen können. Wenn es Sie nicht stört, daß schon andere Frauen vor Ihnen diese Robe getragen haben und daß auch nach Ihnen noch andere hineinschlüpfen werden, um vor dem Traualtar den Bund fürs Leben einzugehen, ist das Leihen eines Kleides eine praktische und vor allem preisgünstige Alternative (ab ca. 250 DM). Entsprechende Adressen finden Sie im Branchenbuch.

Ganz in Weiß?

Strahlendes Weiß, die Farbe der Sieger, steht symbolisch für Unschuld, Reinheit und Wahrheit und ist noch immer die klassische Hochzeitsfarbe. Dabei ist diese Tradition noch gar nicht so alt. Wer auf dem Speicher in Urgroßmutters Fotokiste kramt, entdeckt vielleicht noch Bilder einer in düsteres Schwarz gehüllten Braut. Besonders auf dem Land galt bis in unser Jahrhundert hinein Schwarz als besonders feierliche Farbe, und das schwarze Brautkleid wurde auch nach der Hochzeit immer wieder aus dem Schrank geholt und bei besonderen Anlässen angezogen. In vielen Regionen trägt man bei Trauungen statt eines weißen Kleides traditionell die regionale bunte Festtracht.

Vom Biedermeier bis heute

Das vornehme Biedermeier kleidete seine Bräute zu Beginn des 19. Jahrhunderts in fließende, glockig geschnittene Stoffe, garnierte üppigst mit Schleifen sowie Rüschen und schichtete diverse Unterröcke aufeinander, um ausreichend Volumen zu schaffen. Die pompöse Gründerzeit schnürte zusammen und plusterte auf, rüschte und ließ tief blicken … Nach dem Ersten Weltkrieg, als sich die Frauen nicht nur politische Rechte, sondern auch mehr Bewegungsfreiheit erkämpft

hatten, rutschten die Rocksäume nach oben, und selbst zurückhaltende Bräute zeigten Knie. Frau stand endlich auf eigenen Beinen und fand zuviel Stoff unpraktisch und hinderlich. Erst die Franzosen brachten das elegante weiße Hochzeitskleid mit Schleier in Mode, das die Braut nur ein einziges Mal in ihrem Leben anzog. Im Volksglauben galt Weiß als Farbe der Freude und des Glücks. Wer Weiß trug, war daher vor Dämonen und übellaunigen Hexen sicher…

Von der Wirkung der Farben

Natürlich verbindet nicht jeder Mensch mit einer bestimmten Farbe die gleichen Empfindungen. Kulturelle und individuelle Prägungen spielen dabei eine große Rolle. Oft wirken Farben auf unser Unterbewußtsein, ohne daß wir uns dem entziehen können. In vielen Bereichen des Alltags wird der Einfluß verschiedener Farben berücksichtigt: Die Psychologie hat die Wirkung von Farben bestätigt, Designer beziehen die Ausstrahlung unterschiedlicher Farbtöne in ihre Raumgestaltung mit ein. Warum sollten Sie also bei einer Gelegenheit wie Ihrer Hochzeit nicht auch Farben sprechen lassen und damit Ihrer Persönlichkeit und Ihren Gefühlen Ausdruck geben? Man weiß z. B., daß Rot unsere Sinne am stärksten anregt. Rot ist die Farbe des Blutes, wir bringen sie mit Leben und Vitalität in Verbindung. Lebendigkeit bedeutet auch körperliche Leidenschaft. Eine Braut in feurigem Rot bekennt sich dazu.

Jeder wird, wenn auch nur unbewußt, die tiefere Bedeutung dieser Farbwahl verstehen.

Hoffnungsvolles Grün

Was passiert, wenn man Rot, die Farbe der Liebe, mit Blau, der Farbe der Treue, mischt? Man erhält Violett. Wer in früheren Zeiten an die Symbolik von Farben glaubte, hütete sich vor dieser angeblich unglücklichen Mischung, bei der Körper und Geist ständig miteinander kämpfen. In der christlichen Liturgie ist Violett die Farbe der Buße.

Wollen Sie an Ihrem Hochzeitstag der Zerknirschung über alte Sünden Ausdruck verleihen? Dann greifen Sie vielleicht doch lieber zu Grün, der Farbe des Wachstums und der Hoffnung…

Eine etwas gewagtere Kombination mit freiem Bauch und ausgeschnittenem Dekolleté, bei der Sie für die kirchliche Trauung eine Stola umlegen sollten.

Wenn Sie in einer kühleren Jahreszeit heiraten, brauchen Sie ein wärmendes Kleidungsstück, das zu Ihrer Robe paßt. Zum kurzen und zum langen Kleid wirken Bolerojäckchen schön, auch eine Stola oder ein Umhang sind stilvoll. Mantel oder Blazer dürfen Sie dagegen keinesfalls wählen!

Haarschmuck und Accessoires

Das Brautkleid – auch wenn es ein schlichtes Kostüm ist – wird durch Haarschmuck und die passenden Accessoires zum strahlenden Ausdruck der Festlichkeit des Hochzeitstags. Jede Braut kann hier Akzente setzen und somit ihre Persönlichkeit unterstreichen.

Mit dem passenden Haarschmuck wird fast jede Frisur zum kleinen Kunstwerk, und zum aufwendigen Hochzeitskleid gehört auch der entsprechende Kopfschmuck. Er hat eine lange Tradition und besitzt tiefe symbolische Bedeutung.

Auffällig schön: Ein durchsichtiger Schleier verhüllt das Gesicht.

Schleier oder Diadem?

Immer mehr Bräute entscheiden sich für duftige Tüllschleier (hier gilt: je festlicher das Kleid, desto länger der Schleier), tragen die ausgefallensten Hutkreationen oder ein extravagantes Stirnband, bekrönen ihr Haupt mit einem funkelnden Diadem oder stecken sich ganz einfach frische Sommerblumen ins Haar... Für viele wird es ungewohnt sein, sich derart zu dekorieren. Denken Sie daher bei der Auswahl daran, daß der Kopfschmuck Ihre Persönlichkeit unterstreichen und weder von Ihnen noch von Ihren Gästen als störender Fremdkörper empfunden werden soll. Haarlänge und Form des Gesichts müssen in jedem Fall berücksichtigt werden. Probieren Sie einfach verschiedene Varianten aus – womöglich müssen Sie sich an den neuen Anblick erst gewöhnen. Schminken Sie sich, und tragen Sie das Haar ungefähr so, wie Sie es auch bei der Hochzeit haben möchten. Damit der Gesamteindruck stimmt, sollten Sie am besten auch Ihr Hochzeitskleid oder ein Foto mit Stoffprobe davon mitnehmen.

Endlich unter der Haube? Vom Kopfschmuck und seiner symbolischen Bedeutung

In vielen Gegenden Deutschlands war es früher üblich, die Braut am Morgen ihres Hochzeitstages mit einer üppigen Krone zu schmücken, die sie abends zum Tanz gegen eine schlichtere Kopfbedeckung austauschte. Sobald Frauen verheiratet waren, durften sie ihr Haar nicht mehr offen tragen, sondern mußten es unter einer Haube vor den Blicken der Männer verstecken. Von daher stammt auch die Redewendung, daß eine Frau nun »unter die Haube« kommt. Das hatte eine tiefere symbolische Bedeutung: Haare waren schon immer ein Lockmittel und galten als Zeichen der Macht. Samson verlor seine Kraft, als ihm Dalila sein Haar abschnitt. Nonnen trennten sich als Zeichen der Demut freiwillig von ihrem langen Haar; katholische Mönche trugen eine Tonsur, eine kleine kreisrund geschorene Stelle am Hinterkopf. Wollte man jemanden verzaubern, brauchte man unbedingt eine kleine Haarlocke von ihm. Bei der Hochzeit versprach die Braut, ihrem zukünftigen Mann treu zu sein, und durfte daher in der Öffentlichkeit nicht mehr mit ihren herrlichen Haaren locken – die kamen unter die Haube ...

Brautkrone

Lange Zeit war es nicht üblich, ein spezielles Brautkleid anzuziehen. Die Braut trug deshalb zusätzlich zu Festtagskleid oder Tracht einen Kopfschmuck, um sich an ihrem Hochzeitstag von den anderen Frauen zu unterscheiden. Diese Brautkronen waren Gebilde aus Draht, verziert mit Bändern, Goldlitzen, bunten Glasperlen, kleinen Spiegeln und künstlichen Blumen. Oft gehörten sie der Kirche und wurden der Braut für die Hochzeit nur ausgeliehen.

Ein Blumenkranz sieht bei hochgestecktem Haar am schönsten aus.

Kranz

Wie die Krone steht auch der Kranz stellvertretend für das ausdrucksstarke Symbol des Kreises. Der Kreis – ohne Anfang und Ende – verkörpert die Ewigkeit und spielt deshalb bei Trauungsritualen eine wichtige Rolle: Denken Sie beispielsweise an den Ehering. Beim früher sehr beliebten Myrtenkranz wird diese Symbolkraft noch verstärkt: Die immergrüne Pflanze mit den kleinen weißen Blüten galt in der Antike als Attribut der Liebesgöttin

Schon seit jeher und in allen Kulturen war es eine Auszeichnung, etwas auf dem Kopf zu tragen – entweder eine Krone, einen Kranz oder einen Hut. Männer nahmen als Zeichen gegenseitiger Achtung ihren Hut ab, wenn sie einander begegneten.

Bild unten:
In Indonesien trägt die Braut traditionell eine prächtige Brautkrone.

Wer Strapse oder Strumpfbänder normalerweise nicht trägt, sollte sie unbedingt vorher ausprobieren oder lieber zur bewährten Strumpfhose greifen. Schließlich soll während der Trauung nicht ständig etwas rutschen, hängen oder kneifen…

Venus. Myrtenkränzen sprach man magische Kräfte zu, sie sollten Liebe und Ehe vor Gefahren schützen. Zeitweise waren bei den Hochzeitskandidatinnen auch Rosmarinkränze sehr beliebt; sie besaßen wohl ähnlichen Symbolwert. Vor fast 100 Jahren begannen dann künstliche Blumenkränze, die grünen Myrtenkränzen nachgebildet waren, Furore zu machen. Erst später, als sich die Farbe Weiß immer mehr durchsetzte, wurden daraus die dekorativen Schleiergestecke und Diademe, wie sie heute in vielen Variationen üblich sind.

Schleier

Den Schleier gab es schon im 4. Jahrhundert; die Römerin trug ihn in Gelb und nahm ihn erst während der Hochzeitsnacht ab. Fester Bestandteil der Hochzeitsgarderobe wurde er, als das weiße Brautkleid allgemein in Mode kam. Die symbolische Bedeutung des Schleiers läßt sich leicht nachvollziehen: Er will etwas verschleiern. In früherer Zeit versteckte sich die Braut hinter ihrem Schleier, damit böse Dämonen sie nicht finden konnten. Verhüllt schritt sie zum Altar, und der Bräutigam war derjenige, der das Gesicht der Braut als erster nach dem Wechsel der Ringe sehen durfte.

Einen Schleier steckt man im Haar am besten so fest, daß man ihn auch zurückschlagen kann.

Handtasche

Äußerst praktisch und unentbehrlich ist eine Handtasche, auf die Sie keinesfalls verzichten sollten. Sie kann passend zum Hochzeitskleid aus Leder, Lack oder Stoff gemacht sein, mit Perlen besetzt, gehäkelt oder bestickt. Das Brauttäschchen nimmt wichtige Utensilien wie Taschentuch und Lippenstift auf, die Sie während des Tages unbedingt bei sich haben möchten. Ihr umfassendes Kosmetikset zum Auffrischen des Make-ups, das in Ihrer Handtasche keinen Platz findet, packen Sie am besten in ein Beautycase (siehe Seite 92).

Dessous

Auch wenn sie den Blicken anderer verborgen bleiben – erst die passenden Dessous machen die Hochzeitsgarderobe perfekt. Ihre Wäsche sollte so schön sein wie Ihr Hochzeitskleid – nur etwas aufregender! Meist unterscheiden sich die Hochzeitsdessous sehr von der gewohnten Unterwäsche. Edle »Kleinigkeiten« aus glänzender Seide oder zarter Spitze wie Korsage oder Reifrock sorgen für den perfekten Sitz. Spezielle BHs bringen Ihr Dekolleté bei einem tief ausgeschnittenen Kleid ohne störende Träger zur Geltung. Für viele Frauen gehören zum reizvollen Darunter auch Strapse oder Strumpfbänder.

Seidenstrümpfe sind übrigens ein absolutes Muß! Auch wenn es noch so heiß ist, sollte die Braut zarte durchsichtige Strümpfe tragen, die farblich zum Kleid passen. (Denken Sie unbedingt daran, ein Ersatzpaar mitzunehmen.) Damit Farbe und Paßform von Strümpfen und Wäsche stimmen, sollten Sie das Brautkleid zur Anprobe unbedingt mitnehmen.

Bild links:
Mit raffiniert eingesetzten Dessous, wie engen, bis zum Bauch reichenden Slips, können Sie kleine Schwachstellen »wegmogeln«.

Brautschuhe

Nur der passende Schuh verleiht der Braut Durchhalte- und Stehvermögen. Der klassische Brautschuh ist ein weißer Pumps mit Absatz. Brautschuhe können aber auch ganz anders aussehen: flach und schlicht, aus weichem Leder, glänzendem Satin oder elegantem Samt; mit Perlen bestickt, mit Schleifen verziert oder mit Federn bestückt; strahlend weiß oder knallig bunt. Sie können sich Ihre Schuhe mit dem Stoff Ihres Hochzeitskleides überziehen oder passend färben lassen. Erfüllen Sie sich jeden Schuhtraum, denn Brautschuhe sind etwas ganz Besonderes.

Accessoires sollten farblich aufeinander abgestimmt sein. Sie können sie in Spezialgeschäften auch einheitlich einfärben lassen.

Achten Sie nur darauf, daß sie bequem sind, und laufen Sie die Schuhe rechtzeitig ein. Schließlich wollen Sie nicht mit schmerzverzerrtem Gesicht zum Altar humpeln …

Schmuck

Je aufwendiger das Brautkleid, desto zurückhaltender sollten Sie bei den Accessoires, vor allem beim Schmuck, sein – viele Bräute tragen überhaupt keinen. Andererseits können funkelnde Kostbarkeiten mit einem schlichten Kleid eine sehr reizvolle Kombination abgeben. Als preiswertere Alternative zu echtem Geschmeide können Sie natürlich auch zu dekorativem Modeschmuck greifen, solange er zum Brautkleid paßt. Hochgeschlossene Garderobe und üppiger Kopfschmuck machen Halsketten und Ohrringe fast überflüssig. Zum tiefen Dekolleté paßt dagegen eine feine Gold- oder Perlenkette, womit sich Frauen schon vor tausend Jahren geschmückt haben.

Im alten Indien glaubte man, daß Perlen vor Unglück bewahren. Auch das Abendland kannte die magische Schutzkraft dieser wertvollen, schimmernden Kügelchen.

Trauringe

Die Ägypter der Vor- und Frühzeit waren die ersten, die goldene Fingerringe nicht nur als Schmuck, sondern auch als Zeichen von Ansehen und Macht getragen haben. Seit der Antike ist der Ring ein Zeichen der Bindung und Verbindung. Im Märchen und im Volksglauben besaß er magische Kraft und bewahrte vor Unglück. Die Religion verknüpfte mit dem Symbol des Ringes die Vorstellung der bindenden Kraft des Kreises, der als vollkommenste geometrische Form gilt.

Bis heute hat der Ehering nichts von seiner Symbolkraft verloren. Er ist ein Liebesbeweis und ein sichtbares Zeichen für die Außenwelt, denn jeder erkennt sofort seine Bedeutung. Man trägt ihn als Symbol der Verbundenheit und der endlosen Liebe und Treue. Im Mittelalter glaubte man, daß eine Arterie des Ringfingers der rechten Hand, die sogenannte Liebesader, direkt zum Herzen führt. Deshalb wird bei uns der Ehering auch heute noch an der rechten Hand getragen, in Frankreich oder Italien trägt man ihn dagegen links.

Ringe aus Platin, dem edelsten der echten Metalle, verblassen nicht und sind sehr beständig.

Welcher Ring paßt am besten?

Zu schlanken Händen mit langen schmalen Fingern paßt am besten ein schmaler, feiner Ring, während etwas kräftigere Hände auch dickere Ringe mit größeren Steinen vertragen. Kurze Finger werden optisch durch ovale Formen verlängert. Bei der Wahl der Eheringe sollte natürlich vor allem der persönliche Stil berücksichtigt werden. Egal, für welches Material Sie sich entscheiden, es besteht immer die Möglichkeit, in die Innenfläche des Ringes das Datum der Hochzeit und den Namen des Partners gravieren zu lassen; wenn der Platz es zuläßt, kann es auch ein individueller Spruch sein.

Das richtige Material

Gold gilt immer noch als klassisches Material für den Ehering. In der altchinesischen Philosophie symbolisiert Gold das Urprinzip Yang und steht für das Männliche, den Himmel und die Stärke. Die ideale Ergänzung findet es in dem Urprinzip Yin, das das Weibliche, die Erde und die Nachgiebigkeit verkörpert und mit Silber versinnbildlicht wird. Die Azteken hielten Gold für eine Ausscheidung der Götter, und damit war es eine heilige Substanz. Wer unter Metallallergien leidet, wird mit Gold die wenigsten Probleme haben.

Entscheidend für den Wert von Gold ist der Feingoldgehalt. Er wird durch einen kleinen Stempel, meist an der Innenseite des Ringes, ausgewiesen (siehe Kasten).

Platin und Silber

Eine Alternative zu Gold, dem Metall der Sonne, ist das noch wertvollere und widerstandsfähigere Platin, ein silberfarbenes Edelmetall, das sehr gut zu Diamanten paßt.

Platin gilt als das edelste und reinste aller Schmuckmetalle. Es wird zur Schmuckverarbeitung im großen Stil erst seit den zwanziger Jahren eingesetzt, als eines der größten Platinlager westlich von Johannesburg entdeckt wurde. Platin ist – verglichen mit anderen Metallen – recht selten und daher auch teuer, es verblaßt nicht, und seine Farbe ist beständig. Auch Allergikern ist Platin wegen seiner guten Hautverträglichkeit zu empfehlen. Verarbeitet wird dieses Metall meist in einer Legierung von 950 Gramm Platin in 1000 Gramm Schmuckmetall.

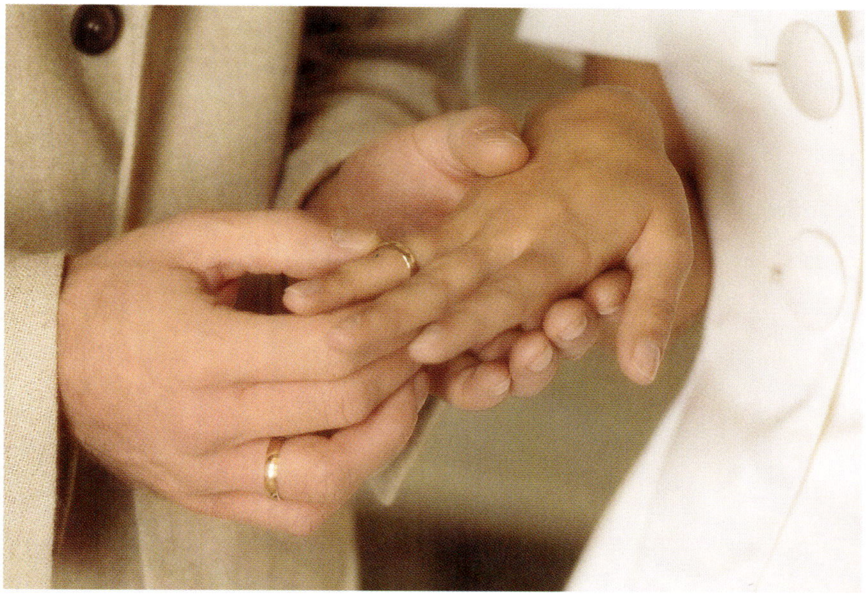

Den Ehering steckt man sich gegenseitig an den rechten Ringfinger – entweder im Standesamt oder erst in der Kirche.

Silber ist das preisgünstigste der drei Edelmetalle. Es besitzt nur eine geringe Härte und läßt sich daher gut verarbeiten. Für Schmuck verwendet man Silber meist in einer Legierung mit Kupfer. Am gebräuchlichsten ist dabei ein Gehalt von 800 Gewichtsanteilen Feinsilber pro Schmuckstück.

Edelsteine

Gold, Silber und Platin lassen sich gut mit einem Diamanten kombinieren. Das Wort »Diamant« leitet sich vom griechischen Wort »adamas« ab und heißt übersetzt »Unbe-

Achten Sie darauf, daß Ihr Trauring an Ihrem großen Tag nicht völlig untergeht. Auch wenn Sie sonst gern viele Schmuckstücke am Finger tragen, sollten Sie am Hochzeitstag zumindest an der rechten Hand nur den Ehering funkeln lassen!

Maßeinheit für Gold: Karat

Ein Karat ist das Maß der Feinheit einer Goldlegierung: Je höher der Feingoldanteil, desto weniger Silber u. a. Metalle sind enthalten. Eine solche Mischung von Metallen nennt man Legierung; durch sie werden Farbe, Widerstandsfähigkeit und Festigkeit beeinflußt. Reines Gold, ohne Beimischung anderer Metalle, ist sehr weich und nutzt sich schon nach kurzer Zeit ab.

- 24 Karat Gold sind fast pures Gold.
- Bei 18 Karat (750er Gold) kommen auf 1000 Teile noch 750 Goldteile. Hier haben Sie die ideale Verbindung von schöner Farbe und genügend Festigkeit des Materials.
- Bei 9 Karat (375er Gold) sind es noch 375 Goldteile je 1000 Teile.
- Bei 8 Karat (333er Gold) beträgt der Goldanteil 333 Goldteile je 1000 Teile.

Den Gedanken, mit dem Partner eins zu sein und sich dennoch eine eigene Persönlichkeit zu bewahren, unterstreichen die Pärchenringe. Sie ähneln sich, sind aber nicht vollkommen gleich. Sie können sich beispielsweise durch die Farbe oder ein eingraviertes Muster unterscheiden.

zwingbarer«. Der Diamant ist ein wertvoller Edelstein mit der höchsten Härte 10 (er kann Glas ritzen). Die Größe und damit das Gewicht eines Diamanten wird immer in Karat (ein Karat wiegt 0,2 Gramm) angegeben. Im allgemeinen ist ein Diamant um so wertvoller, je größer er ist. Diamanten gibt es in allen Regenbogenfarben; die Farbskala reicht von farblos bis hin zu einem tiefen Schwarz. Am häufigsten findet man diese Edelsteine in einem gelblichen Ton. Für kräftige, intensive Farben wie Blau, Grün oder Rot werden hohe Liebhaberpreise gezahlt.

Reinheit

Entscheidend für die Qualität ist zusätzlich noch die Reinheit. Ein lupenreiner Diamant, der auch unter der Lupe keine Fehler aufweist, ist sehr selten und recht teuer. Selbst bei zehnfacher Vergrößerung sollte man keine »Einschlüsse« erkennen können. Fast alle Diamanten enthalten jedoch winzige Spuren nichtkristallisierten Kohlenstoffs oder andere Mineraleinschlüsse – bestehen sie doch aus reinem Kohlenstoff.

Seinen Namen erhielt Platin von den spanischen Konquistadoren; sie nannten es ›platina‹ – ›kleines Silber‹.

Schliff

Ein weiteres wichtiges Kriterium zur Beurteilung ist der Schliff, der bestimmt, wie das Licht gebrochen und reflektiert wird. Der Edelstein ist mehr als jeder andere Stein in der Lage, Licht zu brechen und Farben zu zerstreuen. Der richtige Schliff bringt den Diamanten zum Leuchten, zum Glitzern und zum Funkeln – je besser er geschliffen ist, desto schöner erstrahlt der Diamant.

Bräuche rund um den Ehering

Es ist Tradition, daß der Bräutigam die Trauringe aussucht. Heutzutage werden jedoch die meisten Paare gemeinsam dem Juwelier einen Besuch abstatten – was den Vorteil hat, daß sie sich zusammen entscheiden können, welche Ringe sie am liebsten hätten. Außerdem ist so gewährleistet, daß die Ringgröße ihm und ihr wirklich paßt.

Der Brauch, sich einen Ring zur Hochzeit anzustecken, ist ein alter Brauch, der bis in römische Zeiten zurückgeht. Schon damals tauschten Eheleute dieses Symbol ewiger Liebe aus. Die symbolische Bedeutung des Ringes wurde so hoch geschätzt, daß man Unglück erwartete, wenn er verloren- oder gar kaputtging.

Wenn sich die Brautleute die Ringe anstecken, schaute man früher ganz genau hin. Blieb der Ring am mittleren Fingergelenk der Braut stecken, so galt das als untrügliches Zeichen dafür, daß sie in der Ehe das Sagen haben würde. Gelang es dem Bräutigam jedoch, den Ring ohne Stocken bis zur Fingerwurzel zu schieben, dann sollte er zukünftig der Herr im Hause sein.

Symbolische Kraft der Edelsteine

JANUAR

Der Granat sollte die Wahrheit ans Licht bringen. Vielleicht ist er deshalb ein Symbol der Treue?

FEBRUAR

Schon die Germanen versuchten Unglück mit der Hilfe eines Amethysts abzuwehren. Der Amethyst schützt vor Trunkenheit und Rauschzuständen.

MÄRZ

Aquamarine verleihen Mut und Stärke.

APRIL

Der Diamant ist der wertvollste aller Steine, er gilt als Symbol der Unvergänglichkeit, der Unschuld und der Harmonie.

MAI

Schon Kleopatra schwor auf Smaragde, die wie ein Aphrodisiakum wirken und die Sinnenfreude wecken sollten. Sie garantieren Erfolg und versprechen Glück in der Liebe.

JUNI

Der schimmernde Mondstein gilt als Symbol der Fruchtbarkeit.

JULI

Schwiegersöhne wurden in früheren Zeiten gerne mit Rubinen beschenkt. Diese Steine sollten ihren Besitzern zu Land, Ehre und Zufriedenheit verhelfen.

AUGUST

Der Peridot ist der Stein der Hoffnung.

SEPTEMBER

Den Saphir trug man als Zeichen der Treue. Auch bei der Heilung von Kranken soll er wahre Wunder gewirkt haben.

OKTOBER

Ein Opal bringt seinem Träger Glück.

NOVEMBER

Der Topas verleiht unglaubliche Energie.

DEZEMBER

Türkise gelten als heilige Steine, sie schenken Reichtum.

Magische Kräfte edler Steine

Egal ob Diamant, Smaragd, Rubin oder Saphir – schon seit jeher werden Juwelen mit magischen Kräften und Zauberei in Verbindung gebracht. Früher glaubte man, daß diese funkelnden Steine Geschenke der Götter an die Menschen seien, und ihr Besitz galt als Privileg, das nur wenigen Auserwählten vorbehalten war. Man war der Meinung, daß Gold und Juwelen eine geheimnisvolle Energie ausstrahlen, die auf denjenigen übergeht, der sie (z. B. in Form von Schmuck) am Körper trägt. Auch heute glauben viele Menschen an die heilende Kraft von Edelsteinen. Aus wissenschaftlicher Sicht weiß man, daß kosmische Strahlen auf die Erde wirken – Strahlen, die Einfluß auf unsere Gesundheit und unser Wohlbefinden nehmen. Edelsteine können diese Energie besonders gut in sich aufnehmen, bündeln, brechen und als eine Art Reflektor an den Menschen weitergeben. Jedem Monat wird ein bestimmter Stein zugeordnet, der seinem Besitzer Harmonie und Kraft schenken soll. Besonders als Teil des Eheringes sind Edelsteine nicht nur kostbare Schmuckstücke, sondern stehen auch als Symbol der ganz individuellen Liebesbeziehung zwischen Ihnen und Ihrem Partner.

Auch wenn die zukünftigen Eheleute gemeinsam ihre Trauringe aussuchen, kann der Bräutigam seiner Frau mit einem zusätzlichen Ring – der vielleicht mit ihrem persönlichen Edelstein besetzt ist – eine Überraschung bereiten.

Was trägt der Bräutigam?

Frack, dunkler Anzug oder Cut? Der Frage der Kleiderwahl mißt der Bräutigam im allgemeinen nicht soviel Wert bei, wie das die Braut tun wird, doch muß auch er eine gewisse Kleiderordnung beachten.

Zum Cut des Bräutigams paßt ein langes, feierliches Brautkleid.

Sie müssen sich natürlich nicht an die Etikette halten, aber es schadet nie, wenn Mann den traditionellen Dresscode beherrscht. Wir stellen hier die wichtigsten offiziellen Regeln vor, die Sie natürlich nach Ihrem eigenen Geschmack abwandeln dürfen. An einen Grundsatz sollten Sie sich allerdings halten: Die Braut gibt den Rahmen vor! Hat sie sich für ein schlichtes Kostüm oder einen Hosenanzug entschieden, werden Sie im Frack wahrscheinlich etwas »overdressed« wirken. Trägt sie ein langes, feierliches Kleid mit Schleppe, erwartet man natürlich auch von Ihnen die entsprechend festliche Kleidung.

Cut und Stresemann

Wer sich nach der Etikette richtet, trägt bei einer großen, traditionellen Trauung am Vormittag einen Cut oder Stresemann, am Nachmittag einen Frack. Der Smoking wird, ganz strenggenommen, erst ab 19 Uhr getragen.

Cut

Der Cut besteht aus einer grau-schwarz gestreiften Hose und einer grauen, einreihig geknöpften Jacke mit Schwalbenschwänzen. Diese flattern nicht wie beim Frack an der Rückseite, sondern fallen von vorne schräg nach hinten ab. Eigentlich ist der Cut ein Gehrock mit mehr Beinfreiheit; die Länge vorne hat man wegen der Bequemlichkeit gekürzt, sozusagen weggeschnitten (englisch: *»cut away«*). Zum Cut gehören weißes Frackhemd und silbergraue Weste, ein breiter üppiger Seidenschal, der Plastron und Handschuhe. Dazu passend tragen Sie dunkelgraue Strümpfe und glatte schwarze Schuhe. Beim Cut dominiert die Farbe Grau in mehreren Schattierungen; auch der Zylinder, der den Cut während des Tages perfekt ergänzt, ist grau. Heutzutage wird der Cut nur noch selten gewählt – krönt er doch eigentlich die sehr festliche Hochzeit, bei der die Braut ein weißes Prachtkleid mit langer Schleppe trägt.

Stresemann

Der Stresemann, auch Bonner Anzug genannt, bekam seinen Namen durch den deutschen Reichsaußenminister Gustav Stresemann. Er führte ihn als etwas weniger offizielle Kleidung bei festlichen Anlässen ein. Im Gegensatz zum Cut fehlen dem Stresemann die Schwalbenschwänze. Die dunkelgraue oder schwarze Jacke ist rundherum gleich lang. Darunter kann eine hellgraue Weste getragen werden. Außerdem ist die Krawatte etwas schmaler als beim Cut. Wer auf Hut steht, trägt Bowler, Melone oder schwarzen Homburg.

Frack und Smoking

Geht man nach der Etikette, die das Deutsche Institut für Herrenmode in Köln festgeschrieben hat, dürfen die beiden festlicheren Varianten, Frack und Smoking, erst ab dem späten Nachmittag getragen werden.

Frack

Der Frack ist das festlichste Kleidungsstück des Mannes. Auf Einladungen wird er auch als großer Gesellschaftsanzug bezeichnet und eigentlich nur abends getragen. Eine Ausnahme ist die kirchliche Trauung: Hierfür kann der Bräutigam den Frack wählen, muß sich korrekterweise aber anschließend umziehen. Bei der abendlichen Feier ist der Frack dann wieder perfekt.

Und so sieht er aus: schwarz oder mitternachtsblau, Hosen mit hohem Bund und zwei Galons (Seidenbänder) an den Außennähten. Dazu gehören das gestärkte weiße Hemd mit stehenden Kragenecken, eine gestärkte weiße Piqué-Weste, beide mit Perlmutt- oder Perlknöpfen, und eine weiße Piqué-Schleife. Die Jacke mit den beiden knielangen Schwänzen ist vorne taillenkurz und wird offen getragen. Zum Frack trägt man eine Taschenuhr. Wer keine hat, läßt seine Armbanduhr am Hochzeitstag unauffällig in der Tasche verschwinden… Wenn Hut, dann Zylinder. Die passenden Schuhe sind glatt und aus schwarzem Lackleder. Zum Frack trägt man niemals Socken, sondern Strümpfe aus schwarzer Seide!

In Deutschland wurde der Frack – allerdings in untypischer farbiger Form – durch Goethes Schauspiel »Die Leiden des jungen Werther« bekannt. Der Werther-Frack bestand aus einer blauen Jacke mit Messingknöpfen, einer gelben Lederweste zu gelben Hosen aus Leder, die von Stiefeln mit braunen Stulpen ergänzt wurden. Auch im Biedermeier trug man den Frack noch in einer farbigen Version – in gedeckten Farben wie Pflaumenblau, Flaschengrün oder Tabakbraun.

Zeichnung links:
Eine weiße Chrysantheme im Knopfloch rundet das festliche Erscheinungsbild des Cuts ab.

Zeichnung unten:
Der Stresemann, in England als »morning coat« bekannt, wird strenggenommen nur am Vormittag getragen.

Erst seit 1850, als der Frack von einer Tagesbekleidung zum feierlichen Abendanzug avancierte, wird er aus schwarzem Tuch gefertigt.

Smoking

Auch der Smoking ist ein traditioneller Abendanzug. Allerdings sind die Kleidervorschriften heute etwas legerer geworden, und wer möchte, kann den Smoking auch schon am Nachmittag anziehen. Auch wer vom vormittäglichen Standesamttermin direkt zur Hochzeitsfeier fährt, muß sich nicht unbedingt umziehen. Der Smoking ist inzwischen sogar für das Standesamt akzeptabel. In seiner klassischen Form ist er schwarz oder dunkelblau. Die Hose hat eine Seidenborte an der Außennaht, die Jacke einen Schalkragen oder ein Revers aus Seide. Die passenden Schuhe sind glatt, also nicht geschnürt, nicht verziert und ohne auffallende Nähte. Das passende Smokinghemd kann entweder klassisch schlicht, mit feinen Perlknöpfen oder gerüscht, gefältelt und sogar mit Spitzen besetzt sein. Dazu trägt man eine schwarze oder buntgemusterte Fliege. Niemals eine weiße, sonst werden Sie womöglich mit dem Kellner verwechselt!

Die traditionelle Farbe des Smokings ist Schwarz, heute wird er von internationalen Designern auch in anderen dunklen Farben lanciert.

Zur einreihigen Smokingjacke gehört eine schwarze oder gemusterte Weste. Bei der zweireihig geknöpften Jacke ist die Weste überflüssig, denn einen Zweireiher trägt man niemals offen. Die Alternative zur Weste ist der Kummerbund, eine gefältelte Stoffbahn, die um die Taille getragen wird und den Hosenbund verdeckt. Mit Kummer wegen einer zu üppigen Taille hat er wenig zu tun, denn Pate für dieses Stück stand die Schärpe, der »Kamarband«, den man sich in Indien um die Hüfte schlingt. Die Falten müssen nach oben zeigen, als ob man etwas hineinstecken möchte. Manchmal sind sogar kleine Taschen eingenäht. Wie Weste und Fliege setzt der Kummerbund farbliche Akzente; wer es lieber ganz formell mag, wählt alles in Schwarz. Eine extravagante Kombination kann auch ein schwarzer Smoking mit schwarzen Accessoires und einem buntgemusterten Hemd sein.

Dunkler Anzug

Wer es ungezwungener liebt und seinen Hochzeitsanzug auch später noch tragen möchte, hält sich an Klassiker, die nicht zu sehr der Mode unterworfen und nicht zu formell sind. Ein dunkler Anzug, der dunkelgrau oder schwarz sein kann, paßt fast immer. Bei offiziellen Anlässen sollte man nach Meinung englischer Schneider allerdings nie die Farbe Braun tragen.

Ihr dunkler Hochzeitsanzug ist entweder ein- oder zweireihig geknöpft, beim Einreiher gehört eine Weste aus dem gleichen oder einem dezent abweichenden Stoff dazu. Elegante Accessoires wie ein schwarzer Gürtel aus feinem Leder, ein Hemd mit Umschlagmanschette oder ein dezent gemustertes Einstecktuch machen Ihre Erscheinung perfekt. Wenn Sie nach der Etikette gehen wollen, wählen Sie für die Krawatte am besten klassische Muster.

Blazer

Den Blazer trug der Engländer als Klubjacke und zum Rudern oder Golfen; heute ist er auch bei offiziellen Anlässen erlaubt, wirkt jedoch etwas weniger fein als der dunkle Anzug. Weil er hauptsächlich während der Freizeit getragen wurde, hat er wegen der Bewegungsfreiheit zwei Rückenschlitze. Aus diesem Grund trägt man zum Blazer keine Weste; sie würde nicht zum Stil dieses eher lässig-formellen Kleidungsstückes passen. Der Blazer ist dunkelblau, dunkelgrau oder schwarz, einreihig oder zweireihig geknöpft, manchmal mit Goldknöpfen. Die passende Hose ist meist grau, auf alle Fälle eine Nuance heller als die Jacke. Weißes oder sehr helles einfarbiges Hemd dazu, eine klassische Krawatte – die stilsichere Kleidung für den Bräutigam einer nicht zu pompös ausstaffierten Braut.

Zeichnung links:
Als der Frack um 1740 entstand, gehörte er noch zur Tageskleidung; seit 1850 wird er vornehmlich als Abendanzug getragen.

Im Zweifelsfall: traditionell

Bedenken Sie auf jeden Fall: Wer sich bei der Wahl seines Hochzeits-Outfits nicht von starren Traditionen einengen lassen möchte, sollte die notwendige Stilsicherheit für Experimente mitbringen, um mit seiner Kleidung nicht die – in gewissem Maße auch heute noch geltende – Etikette zu verletzen. Wenn Sie unsicher sind, was Sie anziehen sollen, sollten Sie sich an eine Grundregel halten: Die Kleiderwahl des Bräutigams richtet sich nach dem Rahmen und dem Ort Ihrer Hochzeitsfeier und vor allem nach der Kleidung der Braut. Tritt sie in großer Robe vor den Traualtar, wählen auch Sie ein traditionelles, feierliches Outfit.

Auch Männer mögen es modisch. Wenn Sie sich für einen bestimmten Look entschieden haben, sollten sie die entsprechenden Accessoires aussuchen. Wer sich bei der Kleiderwahl unsicher ist, probiert am besten verschiedene Hochzeitsgarderoben aus, um festzustellen, in welcher er sich am wohlsten fühlt.

Kleiderordnung für den Bräutigam

Das Deutsche Institut für Herrenmode hat folgende auch heute noch geltenden Kleiderregeln für den Bräutigam zusammengetragen:

- Der Frack wird strenggenommen nur abends, ab 19 Uhr, getragen. Er kann ausnahmsweise auch für die kirchliche Trauung gewählt werden. Korrekterweise muß sich der Bräutigam anschließend aber umziehen.
- Der Smoking wird traditionell erst ab dem späten Nachmittag getragen, als Hochzeitsanzug ist er aber auch schon am Morgen zulässig.
- Der Cut darf strenggenommen nur zur Feier am Morgen gewählt werden. Er krönt die festliche Hochzeit mit kirchlicher Trauung im großen Stil.
- Der Stresemann ist die etwas legerere Variante des Cuts.

Schönheitstips von Kopf bis Fuß

Welche Braut möchte an ihrem großen Tag nicht hinreißend und so schön wie noch nie aussehen? Mit ein paar Tricks und Ideen werden Sie Ihren großen Tag, der an Sie hohe Ansprüche hinsichtlich Ihrer Belastbarkeit stellt, auch äußerlich in Bestform überstehen.

Um an Ihrem großen Tag perfekt auszusehen, sollten Sie vorher einmal Frisur, Haarschmuck und Make-up ausprobieren.

Die Kosmetikindustrie produziert unzählige Produkte, die uns Schönheit und Attraktivität versprechen. Frauenzeitschriften überfluten uns mit immer neuen Diäten und Fitneßprogrammen für den perfekten Körper, plastische Chirurgen saugen Fett ab und pflanzen Silikon ein. Der Schönheitsterror hat uns fest im Griff, und ohne Rücksicht auf die eigene Persönlichkeit versuchen Frauen wie Männer erfolglos, utopischen Traumvorstellungen zu entsprechen. Die Kunst des Verschönerns besteht aber gerade darin, die eigene Persönlichkeit zu unterstreichen und den individuellen Typ herauszuarbeiten. Der Mensch, der nicht durch ein paar Tricks und Mittelchen attraktiver werden kann, ist wahrscheinlich noch nicht geboren. Ein bißchen Ausprobieren lohnt sich und macht Spaß. Aber Vorsicht: Veranstalten Sie für Ihren Hochzeitstag bloß keine großartigen Experimente mit Ihrem Aussehen. Versuchen Sie, so natürlich wie immer zu sein. Lassen Sie sich für Ihren großen Auftritt ruhig von einer Kosmetikerin oder Visagistin beraten, selbst wenn Sie deren Hilfe bisher noch nicht in Anspruch genommen haben – Fachleute können manchmal zaubern und Ihre Persönlichkeit hinreißend zur Geltung bringen. Wenn Sie Ihre Schönheit lieber selbst in die Hand nehmen wollen, reservieren Sie sich in den aufregenden Wochen vor der Trauung zumindest einen Abend als Generalprobe für Ihre Schönheit.

Auch über Ihre Hochzeitsfrisur sollten Sie sich rechtzeitig Gedanken machen und neue Kreationen mit Ihrem Friseur besprechen. Überlegen Sie, ob Sie einen Haarschmuck oder einen Hut tragen möchten, und versuchen Sie, die Haare beim Teststyling wenigstens einigermaßen so ähnlich wie in Ihrer Vorstellung hinzubekommen.

Natürlichkeit ist mehr

Orientieren Sie sich beim Schminken weniger an den aktuellen Trends als an Ihren natürlichen Farben und Formen. Das ideale Hochzeits-Make-up ist nicht zu aufdringlich, haltbar, tränenfest und kußecht! So ein Tag bringt sämtliche Gefühle in Wallung, da können schon mal Tränen fließen, es wird umarmt und geküßt, getanzt, gelacht, gegessen und getrunken – all das müssen Sie überstehen, ohne aus der Fasson zu geraten.

Beim Make-up spielt natürlich auch der Stil des Hochzeitskleids eine Rolle. Weiß schluckt zwar viel Farbe, doch sollten Sie nicht übertrieben angemalt und unnatürlich aussehen. Ziehen Sie deshalb an Ihrem »Schönheitsabend« das Brautkleid vorsichtig an, sobald Sie denken, Ihr ideales Make-up gefunden zu haben. Schlüpfen Sie in die Hochzeitsschuhe, legen Sie Ihren schönsten Schmuck an, und halten Sie den Kopfschmuck wenigstens einmal hin, damit Sie einen Gesamteindruck von sich selbst bekommen. Aber seien Sie vorsichtig: Schminken Sie sich nicht im Hochzeitskleid, und lassen Sie sich beim An- und Ausziehen helfen. Make-up-Flecken sind hartnäckig!

Wichtig: die Generalprobe

Kontrollieren Sie bei dieser Gelegenheit auch noch einmal, ob Dessous nicht kneifen, Strümpfe und Kleid richtig sitzen und alle Accessoires vorhanden sind. Noch haben Sie Zeit für kleine Änderungen oder können fehlende Dinge besorgen. Das gleiche gilt natürlich für den Bräutigam. Auch er sollte sich Zeit für eine Anprobe nehmen. Damit am Hochzeitsmorgen keine Hektik aufkommt: Arbeiten Sie bei Ihrer Generalprobe mit der Uhr! Dann wissen Sie, wie lange Sie ungefähr brauchen, und können den Hochzeitstag ohne allzu große Hektik genießen.

> *Schönheit ist Charakter und Ausdruck.*
>
> AUGUSTE RODIN

Finden Sie Ihre Farben!

Damit Sie besonders schön und frisch aussehen, sollten Sie auf Ihre Farben zurückgreifen. Damit sind nicht unbedingt Ihre Lieblingsfarben gemeint, sondern die Farbtöne, die Ihnen besonders gut stehen, die Ihr Gesicht zum Leuchten bringen. Wählen Sie Ihr Kleid und Ihre Accessoires in diesen Farben, und schminken Sie sich auch dazu passend in diesen Tönen.

Holen Sie sich von einer guten Freundin oder Ihrer Mutter Rat beim Probeschminken, wenn Sie unsicher sind, wie Sie am besten aussehen.

Lassen Sie sich beim Schminken nicht von den aktuellen Farben der Saison beeinflussen, sondern überlegen Sie, in welchen Tönen Sie sich am wohlsten fühlen.

Frühling, Sommer, Herbst oder Winter?

In der professionellen Farbberatung unterscheidet man vier Farbtypen: Frühling, Sommer, Herbst und Winter. Dahinter steht die Erkenntnis, daß sich die Farben der Jahreszeiten auch auf Menschen übertragen lassen. Um herauszufinden, welcher Farbtyp Sie sind, betrachten Sie zunächst genau Ihr natürliches Kolorit – Ihren Teint sowie die Augen- und Haarfarbe. Welche Farbpalette sehen Sie dort?

Frühlingsfrauen (natürlich auch -männer) verkörpern frische, helle, aber durchaus warme Farben. Denken Sie an einen sonnigen Tag im Mai, und Sie wissen, welche Töne einer Frühlingsfrau am besten stehen. Der Sommertyp sieht am besten in pudrigen, pastelligen Tönen aus, die durchaus verwaschen oder milchig sein dürfen. Eine Herbstfrau dagegen wirkt besonders schön in warmen, leuchtenden und erdverbundenen Farben – wie die Töne von Bäumen und Blättern an einem lichtdurchfluteten Herbsttag. Den Winter verkörpert der kühle, etwas unnahbare, extravagante Typ. Schwarz und Weiß stehen ihm hervorragend und bringen sein Gesicht zum Leuchten. Wintermenschen haben fast immer dunkle, fast blauschwarze Haare und meist einen hellen, bläulichen Teint.

Machen Sie sich Gedanken, welchem Farbtyp Sie zuzuordnen sind, und stimmen Sie Ihre Kleidung und die Farben, in denen Sie sich schminken, darauf ab. Ihre Farbpalette wird Sie an Ihrem großen Tag leuchtend schön erscheinen lassen!

Für ein perfektes Make-up tragen Sie abschließend ein transparentes, nicht deckendes Puder auf.

Gesicht und Dekolleté

Benutzen Sie für Gesicht und Dekolleté die gleichen Kosmetika wie üblich. Auch hier gilt: keine Experimente. Verwenden Sie regelmäßig ein spezielles Gesichtspeeling, eventuell auch eine Maske oder Gesichtspackung, die den Teint glatt und ebenmäßig machen und Ihrer Haut notwendige Feuchtigkeit geben. Cremen Sie Rücken, Hals und Dekolleté nach jedem Duschen sorgfältig ein. Vielleicht gönnen Sie sich einige Tage vor dem Hochzeitstermin einen Besuch bei der Kosmetikerin, die Ihr Gesicht in Hochform bringt. Wichtig für frisches Aussehen sind vor allem viel Schlaf, Sport und eine gesunde Ernährung.

Make-up

Make-up soll möglichst dezent sein, es soll ausgleichen, verfeinern und mattieren. Beim Kauf können Sie an der Innenseite Ihrer Handgelenke etwas Grundierung auftragen, um zu prüfen, ob die Farbe zu Ihnen paßt. Sie darf nicht zu dunkel sein und muß Ihrer natürlichen Gesichtsfarbe entsprechen, sonst wirkt Ihr Teint unnatürlich und fleckig. Cremen Sie sich mit einer Feuchtigkeitscreme ein, und tragen Sie dann das Make-up immer von der Mitte des Gesichts nach außen auf. Lassen Sie die Ränder zart auslaufen, am besten verwischen Sie die Verläufe sorgfältig mit einem Schwämmchen. Anschließend wird mit einem Transparentpuder fixiert. Die Wangen werden mit etwas Rouge modelliert. Auch wenn Sie in Ihrem weißen Brautkleid blaß aussehen, verwenden Sie keinesfalls eine dunklere Grundierung, tragen Sie statt dessen lieber etwas mehr Rouge auf. Damit werden Sie frisch und natürlich aussehen.

Augen

Die Augen verraten sofort Ihre momentane Körperverfassung, sie sind der Spiegel Ihres Innenlebens. Ausreichend Schlaf und eine gesunde Ernährung sind das beste Mittel für einen strahlenden Blick. Gegen müde Augen hilft ein mit Milch oder Kamillentee getränkter Wattebausch, der 10 bis 15 Minuten auf die geschlossenen Augenlider gelegt wird.

Wimpern

Damit die Wimperntusche nicht verläuft, benutzen Sie wasserfesten Mascara. Oder noch besser: Lassen Sie sich Ihre Wimpern eine Woche vor dem Hochzeitstermin beim Friseur oder einer Kosmetikerin färben. Das ist völlig schmerzlos, hält meist mehrere Wochen und läßt die Augen optisch größer und ausdrucksvoller erscheinen.

Verwenden Sie für Puder, Rouge und Lidschatten jeweils einen eigenen Pinsel.

Augenbrauen

Volle, buschige natürliche Augenbrauen wirken am schönsten. Zupfen Sie nur die Haare aus, die die natürliche Form stören (das sollten Sie einige Tage vor dem Hochzeitstermin machen, damit eventuelle Rötungen bis dahin verschwunden sind). Bürsten Sie Ihre Augenbrauen mit einem kleinen Bürstchen nach oben. Mit ein wenig Mascara oder einem Augenbrauenstift können Sie deren Farbe etwas verstärken und die Form perfekt herausarbeiten; allerdings dürfen sie nicht zu dunkel werden!

Lider

Ein Tupfer Rouge auf den Lidern bis hin zu den Bögen der Augenbrauen läßt die Augen größer erscheinen. Mit etwas Lidschattenpuder (neutrale Farben wie grau oder braun

Falls Ihnen vor Aufregung der Lippenstift aus der Hand fällt oder die Wimperntusche abstürzt: Schminken Sie sich, bevor Sie Ihr Hochzeitskleid anziehen. Am besten legen Sie anschließend ein feines Seiden- oder Chiffontuch vorsichtig über Gesicht und Haare. Sie vermeiden dadurch, daß beim Anziehen Flecken auf Ihr Kleid geraten, die Frisur verrutscht oder Ihr Make-up verschmiert.

sind ideal) werden die äußeren Augenwinkel betont. Den Lidschatten sollten Sie auftragen, bevor Sie Ihre Wimpern tuschen.

Lippen

Damit der Lippenstift länger hält und perfekt aussieht, müssen die Lippen ähnlich vorbereitet werden wie das Gesicht. Tragen Sie zuerst Feuchtigkeitscreme, dann Make-up auf, und pudern Sie anschließend die Lippen leicht ab. Die Lippenkonturen werden mit einem gespitzten Konturenstift nachgezogen und anschließend vorsichtig mit Lippenstift ausgemalt, der mit einem Pinsel aufgetragen wird. Die überschüssige Farbe wird mit einem Papiertuch abgenommen, danach wird eine zweite Schicht Lippenstift aufgelegt. Vergessen Sie nicht, während des Tages Ihren Lippenstift zu kontrollieren und zu erneuern.

Wenn Sie unter rissigen Lippen leiden, sollten Sie sie täglich mit einer Zahnbürste leicht massieren. Tragen Sie anschließend saure Sahne auf – sie besitzt eine ideale Fettzusammensetzung und macht ihre Lippen geschmeidig.

Es ist sinnvoll, ein Beautycase – einen kleinen Kosmetikkoffer – mit den wichtigsten Schönheitsutensilien zu füllen, damit Sie Ihr Make-up immer wieder auffrischen können. Es kann enthalten: Puderdose, Lippenstift, Rouge, Lidschatten, Kajal, Wimperntusche, Abdeckstift, Make-up, Taschentuch, Papiertücher, Kamm oder Bürste, eventuell Haarnadeln, Parfum, Deo, Aspirin. Und für alle Fälle: Pflaster, Nähzeug, Sicherheitsnadeln und eine Ersatzstrumpfhose. Die gefüllte Tasche deponieren Sie vor Ort.

Statt chemischer Produkte: Pflanzliche Mittel (z. B. Eichenrindentee) machen die Nägel elastisch.

Zähne

Gehen Sie drei Monate vor Ihrem Hochzeitstermin zum Zahnarzt, schließlich möchten Sie nicht mit geschwollener Backe und Zahnschmerzen vor dem Altar stehen. Lassen Sie sich für ein strahlendes Lächeln die Zähne reinigen und eventuell Zahnstein entfernen. Pinkfarbener oder leuchtendroter Lippenstift läßt Ihre Zähne optisch heller erscheinen, während sie bei Braun- und Koralltönen nicht ganz so strahlend wirken.

Haare

Erst wenn Ihr Haar sitzt, werden Sie sich rundum wohl fühlen. Etwa vier Wochen vor der Trauung sollten Sie einen Termin mit dem Friseur vereinbaren. Es ist sinnvoll, bei der Anmeldung zu sagen, daß Sie sich über Hochzeitsfrisuren beraten lassen wollen, damit er genügend Zeit einplant. Wenn Sie Ihr Brautkleid schon besorgt haben oder eine Vorstellung davon haben, hilft es dem Friseur bei der Beratung, wenn Sie ein Foto oder eine kleine Stoffprobe mitbringen. Erklären Sie ihm auch genau, wie Ihr Schleier und Ihr Blumenschmuck aussehen werden. Je mehr Informationen Sie ihm geben, desto leichter wird es ihm fallen, eine passende Frisur zu finden.

Hochgesteckt oder offen?

Im allgemeinen wirken Hochsteckfrisuren unter einem Schleier am besten. Blumenkränzchen sehen dagegen bei offenem Haar oder Kurzhaarfrisuren sehr schön aus. Möchten Sie einzelne Blüten im Haar tragen, stecken Sie am besten die Haare hoch. Vergessen Sie nicht, sich gleich einen Termin für den Hochzeitsmorgen geben zu lassen, wenn Sie es sich nicht zutrauen, Ihre Frisur selbst zu gestalten. Er sollte früh genug sein, damit Sie sich danach ohne Hektik anziehen und schminken können. Manche Friseure kommen sogar ins Haus. Erkundigen Sie sich, ob Sie Ihr Haar am Hochzeitsmorgen oder besser einen Tag vorher waschen sollen. Möchten Sie Ihr Haar schneiden lassen, sollte das zwei Wochen vor dem Hochzeitstermin geschehen, damit sich der neue Schnitt etwas auswachsen kann und das Haar natürlicher fällt.

Hände

Am Hochzeitstag wird jeder einen Blick auf Ihren blitzenden Trauring werfen, und Ihre Hände werden im Mittelpunkt stehen. Sie sollen deshalb natürlich sauber und gepflegt aussehen. Gewöhnen Sie sich daran, Ihre Hände regelmäßig einzucremen. Damit Ihr Ehering ungestört zur Geltung kommt, sollten Sie mehrere Wochen vor dem Hochzeitstermin möglichst keine Ringe mehr tragen. Nimmt man sie nicht rechtzeitig ab, hinterlassen sie oft unschöne weiße Stellen auf der Haut. Schmutz oder Seifenreste, die sich leicht unter dem Metall ansammeln, können außerdem schmerzhafte Hautreizungen und Entzündungen hervorrufen.

Gepflegte und entspannte Füße sind für unser Wohlbefinden sehr wichtig. Nach der Fußreflexzonenlehre besitzt jedes Körperorgan einen Gegenpunkt auf den Füßen.

Nägel

Beginnen Sie schon mehrere Wochen vor dem Hochzeitstermin mit einer speziellen Nagelpflege. Waschen Sie die Hände mit Seife, und bürsten Sie die Nägel kräftig mit einer kleinen Nagelbürste. Danach gut abtrocknen und eine spezielle Nagelcreme einmassieren. Tragen Sie anschließend Nagelhautentferner auf, und schieben Sie nach kurzer Einwirkzeit die Nagelhaut vorsichtig zurück. Mit einer Nagelfeile werden die Nägel in Form gebracht. Anschließend noch einmal gut eincremen und die Nägel mit einem weichen Tuch polieren oder farblosen oder hellen Nagellack auftragen.

Füße und Beine

Füße und Beine sind am Hochzeitstag ungeahnten Strapazen ausgesetzt! Damit die Beine ausgeruht sind, legen Sie sie am Tag vor der Hochzeit sooft wie möglich hoch. Wer Blasen und Druckstellen vermeiden will, reibt seine Füße jeden Morgen mit verdünntem Zitronensaft oder Hamamelis ein, wodurch die Haut widerstandsfähiger wird. Schwielen

Lange stehen, viel tanzen: Der große Tag ist auch für Ihre Füße ein anstrengender Tag. Bereiten Sie sie mit entsprechender Pflege vor. Und vergessen Sie auch nicht, Ihre neuen Hochzeitsschuhe einzulaufen.

Schönheit kommt von innen, tun Sie daher Körper und Seele etwas Gutes. Pflegen Sie Ihren Körper, und akzeptieren Sie ihn, selbst wenn er nicht ganz perfekt ist. Zum ganzheitlichen Wohlbefinden gehört auch, daß Sie ausreichend schlafen und sich entspannen.

und dicke Hornhautschichten sollten Sie nach einem Fußbad vorsichtig mit einem Bimsstein behandeln. Geschmeidige Haut bekommen Sie durch Packungen mit Olivenöl – damit haben schon die Schönheiten im Altertum gearbeitet. Nach dem Waschen die Füße gut abtrocknen, dick mit Öl einreiben und kräftig massieren, vor allem die Zehen und das Nagelbett; dann Wollsocken anziehen und mehrere Stunden – am besten über Nacht – einwirken lassen. Lästige Haare an den Beinen können Sie entweder mit einer speziellen Enthaarungscreme (vorher ausprobieren, ob Sie allergisch reagieren!) oder einem Rasierer beseitigen oder von einer Kosmetikerin mit Wachs entfernen lassen. Denken Sie daran, Ihre Hochzeitsschuhe rechtzeitig einzulaufen! Damit sie nicht schmutzig werden, sollten Sie sie allerdings nur in der Wohnung tragen – am besten an mehreren Tagen für ein oder zwei Stunden.

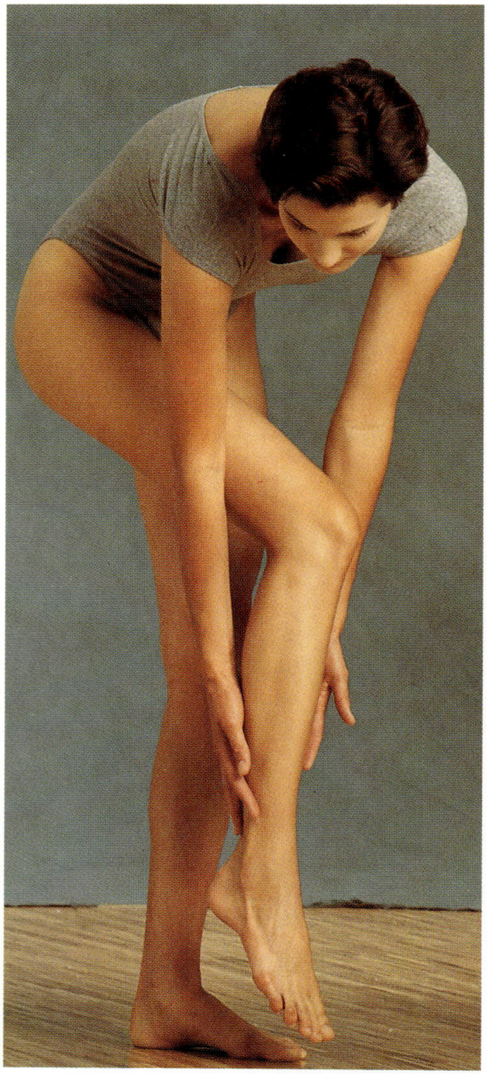

Regelmäßig eingecremte Haut spannt weniger und läßt auch Seidenstrumpfhosen besser sitzen.

Haut

Nicht nur ein entspannendes Ölbad sorgt für samtweiche Haut, Kleopatra mischte sich Milch und Honig unters Badewasser. Auch Trockenmassagen mit einer weichen Körperbürste oder ein spezielles Peeling machen die Haut weich und zart. Wer es verträgt: Auch Sauna und Dampfbad wirken wahre Wunder, vergessen Sie jedoch nicht, sich anschließend sorgfältig einzucremen.

Duft

Zum perfekten Gesamteindruck gehört auch der richtige Duft. Entscheiden Sie sich entweder für den Duft, den Sie immer tragen, von dem Sie wissen, daß er zu Ihnen paßt, oder probieren Sie etwas völlig Neues aus. Parfum der Braut, Eau de toilette des Bräutigams und Geruch der Blumen des Brautstraußes sollten sich auf jeden Fall harmonisch verbinden. Parfümierte Kosmetik unterschiedlicher Duftnoten sollte man nie miteinander kombinieren. Greifen Sie daher auf Produkte derselben Duftrichtung wie Bodylotion, Duschgel, Puder, Parfum und Eau de toilette zurück.

Tupfen Sie sich am Hochzeitsmorgen Ihren Lieblingsduft in Form von Eau de toilette hinter die Ohren, auf die Handgelenke und aufs Dekolleté (auf eingecremter Haut verfliegt der Duft nicht so schnell). Parfum ist tagsüber zu schwer und eher für den Abend geeignet.

Deodorant

Denken Sie auch an das Deodorant. Ein Hochzeitstag ist aufregend und anstrengend, da kommt man schon mal ins Schwitzen. Es gibt heute Produkte, die tatsächlich 24 Stunden halten und nicht durch ihren Eigenduft das Parfum übertönen. Wenn Sie die Haare unter Ihren Achseln entfernen möchten – sei es, weil Ihr Hochzeitskleid ärmellos ist oder weil Sie sich so einfach wohler fühlen –, sollten Sie das etwa zwei Tage vor der Hochzeit mit einer Enthaarungscreme (vorher auf allergische Reaktionen testen!) oder einem Rasierer tun. Eine Kosmetikerin kann störende Haare auch mit Wachs beseitigen, damit sie nicht so schnell nachwachsen.

Noch ganz schnell einige Pfunde loswerden

Hier ein paar Vorschläge, die Ihnen helfen sollen, im letzten Moment überflüssige Pölsterchen loszuwerden und den Körper zu entschlacken. Am verträglichsten ist ein Fastentag pro Woche, bei dem Sie ungefähr ein Pfund an Gewicht verlieren. Mineralwasser (ohne Kohlensäure) sorgt für einen frischen und strahlenden Teint!

Safttag

Trinken Sie ungefähr einen Liter frisch gepreßten Obst- oder Gemüsesaft. Dazu ausreichend (mindestens zwei Liter) stilles Mineralwasser, Kräuter- oder Früchtetee.

Vitamin C in frischem Obst ist wichtig für die Produktion von Hormonen, die körpereigenes Fett regelrecht verzehren.

Obsttag

Essen Sie über den ganzen Tag verteilt ungefähr ein Kilogramm gemischtes Obst. Greifen Sie am besten zu den Sorten, die gerade geerntet wurden. Obst aus der näheren Umgebung ist frischer und vitaminreicher als Importware. Achten Sie auf ausreichende Flüssigkeitszufuhr (mindestens zwei Liter Wasser, Kräuter- oder Früchtetee, natürlich ungezuckert)!

Reistag

150 Gramm Vollwertreis werden gekocht und auf drei Mahlzeiten verteilt gegessen. Verwenden Sie kein Salz. Der Reis kann mit gedünsteten Früchten (Äpfeln, Birnen, Erdbeeren u. ä. – natürlich ohne Zucker!) oder mit Gemüse (Tomaten, Gurken, geraspelten Möhren) verfeinert werden. Während des Tages mindestens zwei Liter stilles Mineralwasser, Kräuter- oder Früchtetee trinken.

Gerade in der Zeit vor Ihrem großen Tag sollten Sie auf eine gesunde, abwechslungsreiche Ernährung achten. Besonders wichtig sind jetzt Obst und Gemüse, Vollkornprodukte sowie Milch und Milcherzeugnisse.

Blumen für die Hochzeit

Die Zeiten, in denen sich Bräute mit weihwasserbesprengten Rosmarinzweigen und Knoblauchzehen »bewaffneten«, um böse Geister fernzuhalten, sind vorbei. Heutzutage überreicht der Bräutigam seiner zukünftigen Frau am Hochzeitsmorgen einen duftenden Blumenstrauß, der die Braut während des ganzen Tages begleitet. Lassen Sie Ihrer Phantasie hier freien Lauf! Die Wirkung von Blumen ist überwältigend, sie können selbst das schlichteste Kleid in ein wahres Märchen verwandeln. Symbolisch verkörpern Blumen Lebenskraft, Liebe, Wachstum und Fruchtbarkeit.

Der Brautstrauß

Bis ins 19. Jahrhundert hinein waren Schnittblumen ein unerschwinglicher Luxus, und man ersetzte sie deshalb häufig durch Strohblumen. Heute ist eine Hochzeit ohne Blumen kaum mehr vorstellbar.

Der Brautstrauß sollte in Stil und Farbe das Brautkleid ergänzen und zum Rahmen der Hochzeit passen. Auch wenn es keine besonderen Regeln gibt, die Sie bei der Zusammenstellung Ihres Blumenbouquets beachten müssen, sollten Sie sich von einem guten Floristen beraten lassen.

Zu einem weißen Brautkleid paßt vom zartweißen Maiglöckchenstrauß über klassische rote Rosen bis hin zu einem kräftig bunten Bouquet von Sommerblumen fast alles. Schwieriger wird es bei farbigen Hochzeitskleidern; man wählt hier entweder einen Farbkontrast oder stimmt die Blumen Ton in Ton auf die Farbe des Kleides ab. Es wirkt sehr schön, wenn sich die Farbe des Kleides im Strauß wiederholt. Gemusterte Stoffe lassen sich schlecht mit bunten Blumen kombinieren; einfarbige, vielleicht sogar ganz weiße Sträuße sehen meistens am besten dazu aus. Sie sollten natürlich darauf achten, daß sich die Farbe Ihres Brautstraußes auch mit den Farben der Hochzeitsgarderobe des Bräutigams verträgt.

Die Blumen können auf die Jahreszeit abgestimmt werden, in der die Hochzeit stattfindet. Für einen Frühlingsstrauß eignen sich besonders Flieder und Maiglöckchen. Im Sommer sehen Wicken und Rittersporne recht hübsch aus, im Herbst Hortensien oder Oleander, und im Winter könnten es Amaryllis oder Calla sein. Die meisten, gerade für

Traditionell trägt die Braut ihren Strauß auf dem Weg zum Traualtar, nach der Trauung und beim ersten Hochzeitswalzer.

Brautsträuße beliebten Blumenarten gibt es bei uns das ganze Jahr über zu kaufen.

Den Strauß verschenken

Auch wenn es Ihnen schwerfällt – ein alter Brauch verlangt, daß die Braut nach dem Hochzeitstanz ihre unverheirateten Freundinnen um sich versammelt und den Brautstrauß in die Runde wirft. Wer ihn fängt, darf ihn behalten und wird als nächste heiraten… Möchten Sie ihren Brautstrauß aber unbedingt behalten, trocknen und zusammen mit anderen wertvollen Erinnerungsstücken aufbewahren? Dann nehmen Sie es mit dem Brauch nicht so genau und werfen Sie einen Ersatzstrauß, den Sie extra für diesen Zweck im Blumengeschäft anfertigen lassen.

Auch als Tischdekoration sind Blumen unerläßlich. Wo es paßt, darf es ruhig so bunt und üppig sein wie bei diesem Gesteck.

Blumen im Haar und am Revers

Floristen haben heute die Möglichkeit, Blumen so zu präparieren, daß sie auch ohne Wasser viele Stunden überstehen, ohne zu welken. Deshalb wird es immer beliebter, sich passend zum Brautstrauß frische Blumen ins Haar zu flechten oder sich vom Floristen einen Blütenkranz oder ein Haargesteck anfertigen zu lassen. Man kann damit die Befestigung des Schleiers am Kopf verdecken oder ganz einfach die Frisur schmücken und aufpeppen. Wer weder Schleier oder Hüte noch aufwendige Frisuren mag, steckt sich einfach eine einzelne Blüte ins Haar oder dekoriert eine Haarspange oder ein Stirnband, passend zum Brautstrauß, mit Blumen.

> *Die Natur ist das ursprünglich Schöne, und alles, was von ihr ausgeht, ist ebenfalls schön.*
>
> PLOTIN

Für Bräutigam und Trauzeugen

Der Bräutigam steckt sich eine Blume ans Revers. Auch der Trauzeuge, der Brautführer und die männlichen Familienmitglieder dürfen sich mit einer Blüte am Revers schmücken. Sie soll zur

Myrtenzweige – vor allem die der kleinblättrigen Varietäten – werden traditionell für Brautkränze verwendet.

Ansteckblume des Bräutigams passen, aber möglichst nicht ganz so groß sein. Auch farblich sollte sich der Blumenschmuck des Brautpaares von dem der Gäste abheben. Die Trauzeugin kann einen Blumenstrauß im Stil des Brautstraußes tragen, nur kleiner und dezenter. Blumen im Haar, an der Kleidung oder ein kleiner Strauß in der Hand sind der richtige Schmuck der Brautjungfern. Auch hier gilt: Der Blumenschmuck der Braut muß dominieren, sie ist die Hauptperson.

Blumen auf den Weg des Hochzeitspaares zu streuen ist ein uralter Brauch. Ursprünglich sollten damit die bösen Geister vertrieben werden.

Myrtensträußchen

Früher war es üblich, daß der ganzen Hochzeitsgesellschaft Myrtensträußchen oder kleine grüne Zweige angesteckt wurden, denn Grün ist die Farbe der Hoffnung und des Wachstums. Die Männer trugen sie in der Regel am Revers oder – falls vorhanden – am Hut, die Frauen am Kleid. Lassen Sie diesen alten Brauch doch einfach wieder aufleben! Die Anstecker können die Gäste anschließend als kleines Andenken mit nach Hause nehmen. Doch beachten Sie: Echte Myrtensträußchen sollten Sie rechtzeitig beim Floristen bestellen, denn sie müssen vorbereitet werden. Das gleiche gilt im übrigen für Blumenanstecker. In den USA fast ein Muß, setzen sie sich langsam auch bei uns durch. Myrtensträußchen oder Blüten werden den Gästen vor dem Fest, eventuell schon vor dem Standesamt oder der Kirche angesteckt.

Blumenkinder

Früher sollte der Blumenduft die Fruchtbarkeitsgöttinnen anlocken, und noch heute verbreiten Blumenkinder eine ganz besondere Atmosphäre. Wer eine große Hochzeit feiert, wird besonders bei der kirchlichen Trauung auf diese kleinen Gäste nicht verzichten wollen. Sie bekommen hübsche Körbchen mit Streublumen in die Hand und gehen direkt hinter Brautführer und (sofern vorhanden) Brautjungfern im Hochzeitszug, damit das Brautpaar über einen bunten Blütenteppich schreiten kann.

Übung macht den Meister

Üben Sie vorher mit den Blumenstreukindern. Die feierliche Umgebung, laute Orgelmusik, ungewohnte Kleidung und die vielen fremden Menschen machen Kindern manchmal Angst, deshalb sollten Sie gerade den jüngeren Akteuren genau erklären, was sie am Hochzeitstag erwartet. Besprechen Sie mit dem Pfarrer, wo und bei wem die Blumenkinder während des Gottesdienstes sitzen sollen. Kleinen Kindern wird es schnell langweilig, und dann fällt ihnen alles Mögliche ein, um sich die Zeit zu vertreiben.

Blumenstreuen ist nicht ganz einfach – manche Blumenkinder würden den gesamten Inhalt ihres Korbes am liebsten auf einem Fleck ausstreuen. Andere sind derart sparsam, daß sie am Schluß fast noch alle Blüten im Korb haben. Viele Kinder vergessen vor lauter Aufregung, was sie überhaupt tun sollen. Da die Zahl der Blumenkinder ganz Ihnen überlassen ist und die Kleidung nicht unbedingt einheitlich sein muß, können die Kleinen paarweise gehen, was ihnen manchmal die Angst nimmt. Die Blumenkörbchen dürfen nicht zu groß sein, damit die Kinder sie bequem tragen können. Wer mag, verziert die Körbe mit Bändern und Schleifen oder färbt sie ein.

Blumen in der Kirche

Die Blumendekoration der Kirche müssen Sie mit Ihrem Pfarrer besprechen. Sind Ihre Vorstellungen nicht zu ausgefallen, wird er sicher auf Ihre Ideen eingehen. Der Blumenschmuck bleibt nach der Trauung bis zum nächsten Gottesdienst in der Kirche. Normalerweise übernimmt der Küster oder Mesner das Schmücken. Wenn Sie nicht sicher sind, ob er alle ihre Wünsche erfüllen kann oder will, ist es besser, sich selbst darum zu kümmern oder einen Floristen zu beauftragen. Sprechen Sie dies vorher mit dem Küster oder Mesner ab. Bezahlen müssen Sie den Blumenschmuck natürlich selbst.

In vielen Standesämtern und Kirchen dürfen aus Sicherheitsgründen (Rutschgefahr!) keine Blumen gestreut werden; Sie müssen daher vorher eine Erlaubnis einholen. Ist es innen verboten, darf man üblicherweise außen auf dem Vorplatz ein paar Blümchen streuen. Die zertretenen Blumen müssen natürlich anschließend weggeräumt werden!

Das Hochzeitsauto

Egal ob Kutsche oder Cadillac, klapprige Ente oder Kabrio – erst Blumen machen das Fahrzeug zum Hochzeitswagen. Hübsch sind bunte Girlanden oder viele kleine Sträußchen. Am weitesten verbreitet ist ein Gesteck auf der Kühlerhaube, das mit Magneten oder

Früher das Auto der kleinen Geldbeutel, heute selten zu sehen und damit wieder originell: eine Ente in vollem Hochzeitsornat.

Auch die Autos der Hochzeitsgesellschaft werden geschmückt. Besonders dekorativ ist ein langes Band aus weißem Tüll, das mit Blumendraht zu einer Schleife gelegt wird. In der Mitte kann noch eine Strohblume befestigt werden.

Die Blumendekoration auf dem Altar und an den Kirchenbänken kann mit den Blumen und Farben des Brautstraußes abgestimmt werden. Es empfiehlt sich deshalb, denselben Floristen damit zu beauftragen.

Befestigungen aus Gummi gehalten wird. Damit der Fahrer in seiner Sicht nicht durch Blätter und Zweige behindert wird, sitzt das Gesteck nicht exakt in der Mitte, sondern wird leicht zur Beifahrerseite gerückt. Blumengeschäfte fertigen den Blumenschmuck nach Ihren Wünschen und passend zum Fahrzeugtyp an und befestigen ihn am Hochzeitsmorgen an Ihrem Wagen. Leihwagenfirmen fahren teilweise mit bereits geschmückten Autos vor, Sie müssen vorher nur den Preis und die Gestaltung vereinbaren. Muß der Brautwagen längere Strecken zurücklegen, sollte man den Blumenschmuck abnehmen. Und wer zu schnell fährt, riskiert, daß er mit einem vom Fahrtwind zerzausten, trostlosen grünen Rest ankommt, denn mehr als 40 Stundenkilometer hält so ein Bouquet meist nicht aus. Weniger Probleme gibt es mit einer blumengeschmückten Hochzeitskutsche, die sich sowieso in nostalgischem Tempo bewegt.

Die feierliche Stimmung einer kirchlichen Trauung gewinnt noch durch Blumenschmuck.

Blumen als Tischschmuck

Duftende bunte Blumen sind der schönste Schmuck, den man sich vorstellen kann. Wer sparen will, sollte also nicht unbedingt bei den Blumen anfangen – es müssen ja nicht die edelsten Rosen oder exotische Kostbarkeiten sein. Auch aus Himmelsschlüsseln, Schleierkraut, Nelken, Vergißmeinnicht, Kornblumen und Dahlien lassen sich wunderschöne Gestecke zaubern.

Meistens werden die Plätze des Brautpaares besonders festlich geschmückt, damit sie sich von den anderen abheben. Wer sich dafür etwas ganz Spezielles wünscht, sollte daran denken, daß der Brautstrauß die Krönung bleibt. Er darf nicht unter dem übrigen Blumenschmuck verschwinden, und die weitere Tischdekoration sollte auf ihn abgestimmt sein.

Frühzeitig planen

Wenn Sie nicht zu Hause feiern, sprechen Sie den Blumenschmuck frühzeitig mit dem Verantwortlichen Ihres Festlokals ab. Er weiß, wieviel Dekoration die Tische vertragen, außerdem müssen Porzellan, Tischwäsche, Kerzen und Blumen farblich miteinander harmonieren. Auch wenn der schön gedeckte Tisch samt Blumenschmuck zum Service des von Ihnen ausgewählten Restaurants gehört, dürfen Sie selbstverständlich eigene Wünsche und Vorstellungen äußern.

Die Tische werden üblicherweise mit Sträußen oder Gestecken dekoriert, die nicht höher als 30 Zentimeter sein sollten. Jeder Gast möchte sich mit seinem Gegenüber unterhalten können, ohne daß ihm riesige

Blütenblätter die Sicht versperren. Bedenken Sie deshalb, daß für Geschirr, Gläser und Platten ausreichend Platz bleiben muß.

Blumenschmuck-Ideen

- Jeder Gast wird sich freuen, wenn auf seinem Gedeck eine frische Blume liegt. Das ist auch eine Möglichkeit, Myrtenzweige oder Ansteckblumen unter die Gäste zu bringen. Zweige und Blumen können die Gäste als Erinnerung mitnehmen.
- Streuen Sie zur Abwechslung viele kleine Blümchen oder Rosenblätter auf die Tische.
- Stellen Sie Ihre gesamte Tischdekoration (Blumen, Kerzen, Porzellan, Tischwäsche) unter ein bestimmtes Motto und dekorieren Sie beispielsweise alles in einer Farbe, vielleicht Ihrer Lieblingsfarbe, oder in verschiedenen Abstufungen davon. Das ist auch ganz praktisch, wenn man zu Hause feiert und nicht genügend Teile von einem Service besitzt. Wenn Sie sich von Nachbarn und Freunden beispielsweise ausschließlich blau-weißes Geschirr leihen, können Sie auf diese Weise selbst unterschiedliche Dekore miteinander kombinieren!
- Mit Wasser gefüllte Gläser oder Schalen, in denen edle Blüten schwimmen, kann man als Tischdekoration in verschiedenen Größen und Formen auf die Tische stellen.
- Blättergirlanden oder Efeuranken mit zarten Blüten und Schleifchen sehen sehr romantisch aus.
- Wunderschön sind dekorative Einzelblüten wie Gerbera, Pfingstrosen oder Hortensien, die man zusammen mit großen Blütenblättern auf die Tische legt.

Blumendekorationen dürfen durchaus üppig sein, sie sollten aber nicht das gemeinsame Mahl der Hochzeitsgesellschaft behindern.

- Wer im Herbst heiratet, kann die warmen erdigen Farben dieser Jahreszeit nutzen und beispielsweise Ahornblätter mit späten gelben Rosen kombinieren. Die Haltbarkeit von ausgelegten Blättern und Blüten ist natürlich eingeschränkt, und deshalb ist eine solche Tischdekoration wenig geeignet für ein ganztägiges Fest, bei dem bis in die Nacht hinein gefeiert wird.
- Im Winter können Tannen- oder Buchsbaumzweige mit silbernen Mistelzweigen dekoriert werden. Passen Sie aber auf, daß das Ganze nicht zu weihnachtlich wird – rote Kerzen und Sterne sollten Sie lieber weglassen. Man kann zwar den hochzeitlichen Schmuck der Jahreszeit anpassen, trotzdem soll der besondere Anlaß des Festes erkennbar bleiben.

Für den Tischschmuck sollte man keine stark riechenden Blumen verwenden, denn beim Essen stört solch eine aromatische Konkurrenz den kulinarischen Genuß erheblich.

Feiern – wie es Euch gefällt

Wissen Sie schon, ob Sie in einem Schloßhotel feiern möchten oder sich lieber unter Wasser das Jawort geben und Ihre Gäste in die Schwimmhalle einladen? Es gibt unzählige phantasievolle Möglichkeiten, die Hochzeitsfeier nach Ihren Vorstellungen ganz individuell zu gestalten.

Von traditionell bis sensationell

Möchten Sie in einem festlichen Schloßsaal, unkompliziert zu Hause oder ganz extravagant in einem Zirkuszelt feiern? Das Gelingen Ihres Hochzeitsfestes hängt in großem Maße von der richtigen Örtlichkeit ab. Planen Sie daher rechtzeitig Ablauf und Rahmen Ihrer Feier.

Wer nicht zu Hause feiern möchte, muß sich rechtzeitig nach einer passenden Alternative umsehen. Lösen Sie sich von eingefahrenen Vorstellungen: Es muß nicht immer nur der Nebenraum eines Hotels oder Restaurants sein – Sie können in einer leerstehenden Scheune feiern, ein gemütliches Klubhaus mieten oder sich ein weißes Hochzeitszelt an einem kleinen See aufstellen lassen. Vielleicht entschließen Sie sich auch für ein Fest im Zoo, auf einem Schiff oder im Gewächshaus eines botanischen Gartens. Eine ganz eigenwillige Atmosphäre herrscht in einem prunkvollen Theater, einem Jugendstil-Schwimmbad oder einem Museum. Man kann heutzutage fast alles mieten – selbst ganze Inseln …

Das Hochzeitsessen können Sie am Mittag oder am Abend servieren, es sollte aber auf jeden Fall aus mehreren Gängen bestehen – nicht zuletzt, um den Gästen in den Servierpausen die Gelegenheit für die üblichen Reden zu geben.

Prüfen Sie das Restaurant!

Wenn Sie sich doch entschieden haben, im Restaurant zu feiern, sollten Sie mehrere in die Vorauswahl einbeziehen und zuerst einmal »probeessen« gehen. Schauen Sie sich bei dieser Gelegenheit genau um. Achten Sie nicht nur auf das Ambiente der Räume. Auch der Geschäftsführer und das Servicepersonal sollten freundlich und hilfsbereit sein.

Die Fragen der Checkliste sollten Sie im Gespräch mit dem Gastwirt oder Hotelier klären. Dabei merken Sie sofort, wie professionell er sein Geschäft betreibt und ob Sie in guten Händen sind. Sie müssen sich schließlich darauf verlassen können, daß an Ihrem Hochzeitstag auch alles klappt.

Das Hochzeitsmenü

Bei der Besprechung des Hochzeitsmenüs sollte auf jeden Fall der Koch Ihres Restaurants dabeisein. Eine gelungene harmonische Zusammenstellung der Speisenfolge ist nicht ganz einfach! Lassen Sie sich von ihm auch bei der Auswahl der passenden Getränke beraten. Wenn Sie nur eine Sorte Wein anbieten wollen, auch das ist durchaus möglich, können Sie bei dieser Gelegenheit gleich einmal einen Probeschluck nehmen. Lassen Sie sich im Vorfeld von mehreren Häusern Menüvorschläge mit genauen Preisangaben machen (Getränkepreise nicht vergessen!). Haben Sie sich entschieden, sollten Sie sich sämtliche Vereinbarungen (Termin, Kosten, Leistungen) schriftlich bestätigen lassen.

Eine bayerische Hochzeit feiert man traditionell in einer rustikalen Gaststätte, und auch der Hochzeitslader darf nicht fehlen.

Wenn Sie nicht im Restaurant feiern wollen

Genauso gehen Sie vor, wenn Sie sich für irgendeine andere Location entschieden haben. Sehen Sie sich das Schiff, das Zelt, die Scheune etc. genau an, und überlegen Sie, ob alles Ihren Vorstellungen entspricht und auch einigermaßen praktisch ist. Vielleicht nehmen Sie einen Hochzeits-, Party- oder Veranstaltungsservice in Anspruch (siehe Adressenteil)? Holen Sie Kostenvoranschläge ein, und lassen Sie sich Fotos von Hochzeiten zeigen, die der Service organisiert hat. Gerade wenn man sich ein Erlebnisfest aus vielen einzelnen Teilen zusammenstellen läßt, lohnt sich ein Preisvergleich. Es ist zwar spektakulär, aber nicht ganz billig, ein lebendiges Dromedar oder einen Feuerschlucker für eine orientalische Nacht zu engagieren … Damit Sie den Überblick nicht verlieren, empfiehlt es sich, alle Posten getrennt zu notieren und sich dann Termine, Leistungen und Kosten schriftlich bestätigen zu lassen.

> *Im Widerspiel des Unmöglichen mit dem Möglichen erweitern wir unsere Möglichkeiten.*
>
> INGEBORG BACHMANN

Der Ablauf Ihres Festes

Laden Sie nach der Trauung nur zum Empfang ein, oder möchten Sie den ganzen Tag feiern? Vielleicht planen Sie mit allen Gästen ein Hochzeitswochenende im Grünen oder möchten möglichst schnell in die Flitterwochen aufbrechen. Machen Sie sich über den Ablauf Ihres Festes frühzeitig Gedanken, damit Sie entsprechend planen können.

Vergessen Sie nicht, daß der Kreis der Gäste für bestimmte Abschnitte Ihres Hochzeitsfestes erweitert oder reduziert werden kann. Nicht jeder Gast muß schließlich von Anfang bis Ende dabeisein. Es gibt unzählige Möglichkeiten, ein Hochzeitsfest zu gestal-

Das Hochzeitsfest erfordert vor allem perfekte Planung und Organisationstalent. Legen Sie daher ganz genau – am besten schriftlich – fest, wer für welche Aufgaben zuständig ist.

Wird die Hochzeit zu Hause gefeiert, findet das Fest in der Regel bei den Brauteltern statt. Wie groß der Kreis der geladenen Gäste dabei sein kann, hängt natürlich von der Größe ihrer Wohnung ab.

ten. Auf Seite 107 sehen Sie einige Vorschläge, die Sie nach Ihren Bedürfnissen variieren können.

Die Hochzeit im kleinen Kreis

Bei einer kleinen überschaubaren Hochzeitsfeier sitzen alle Gäste an einem Tisch und unterhalten sich gemütlich und intensiv miteinander. Vor allem das Brautpaar kann sich in aller Ruhe nahezu allen seinen Gästen widmen und den Tag genießen. Allerdings sollten für diese Art von Feier nicht mehr als 20 Personen eingeladen werden.

Immer beliebter wird die »Gourmetversion« des Hochzeitsfestes mit wenigen Gästen, die man in ein spezielles Restaurant oder ins exklusive Schloßhotel einlädt.

Gestaltungsvorschläge

Falls der Platz es zuläßt und Sie zu Hause oder bei Ihren Eltern feiern, sollten Sie auf keinen Fall den Fehler begehen, Ihren Hochzeitstag in der Küche zu verbringen. Vielleicht engagieren Sie einen professionellen Partyservice mit Personal, so daß Sie sich um nichts zu kümmern brauchen und Ihren großen Tag ohne Streß und Hektik genießen können. Ein Partyservice verwandelt auf Wunsch auch Ihre Wohnung in ein Blumenmeer, stellt im Garten hübsche weiße Zelte und Buffets auf, sorgt für ausreichend Sitzgelegenheiten, Besteck und Geschirr und bringt auch die passende Tischdekoration gleich mit. Und natürlich wird nach der Feier alles wieder abgebaut und in einem ordentlichen Zustand hinterlassen. Ein Partyservice erfüllt fast jeden Wunsch; allerdings hat solch eine professionelle Hilfe auch ihren Preis – vergleichen Sie deshalb die Angebote sorgfältig miteinander. Adressen finden Sie im Branchentelefonbuch und in unserem Adressenteil. Sie können auch in einem guten Feinkostgeschäft nachfragen, das oft selbst über einen solchen Service verfügt.

Lassen Sie Ihrer Phantasie freien Lauf. Auch unter einem improvisierten Zelt am Strand läßt es sich prächtig feiern.

Wie die Hochzeit im kleinen Kreis ablaufen kann

Nach der Trauung gibt es entweder im Restaurant oder zu Hause einen kleinen Empfang, bei dem mit einem Glas Champagner oder Sekt (oder für Autofahrer und Kinder auch Mineralwasser und Saft) auf das Brautpaar angestoßen wird. Gerne reicht man bei dieser Gelegenheit auch Kir oder Kir royale – das ist Sekt oder Champagner mit einem Schuß Johannisbeerlikör. Die Gäste überreichen ihre Geschenke und werden einander vorgestellt.

Wer kirchlich heiratet und dazu einen größeren Kreis von Nachbarn, Kollegen und Freunden erwartet, die nicht zur anschlie-

Checkliste zur Auswahl des Lokals

- Paßt der Stil des Hauses zu Ihrer Feier?
- Wird Wert auf einen schön gedeckten Tisch gelegt?
- Ist die Qualität der Küche und der Getränke zufriedenstellend?
- Gibt es einen separaten Raum zum Feiern, der groß genug ist?
- Wie steht es mit der Tanzfläche, mit Übernachtungsmöglichkeiten im Haus oder in der näheren Umgebung?
- Ist der Preis akzeptabel?
- Gibt es genügend Parkplätze?
- Gibt es genügend Platz für eine Band, Tanz und eventuelle Darbietungen?

Eintägige Hochzeitsfeier

Vormittags:
standesamtliche Trauung
Mittags:
Festmenü im kleinen Kreis
Nachmittags:
eventuell kirchliche Trauung, anschließend Empfang bzw. Kaffeetafel mit Hochzeitstorte für einen erweiterten Kreis
Danach:
Aufbruch in die Flitterwochen

oder:

Morgens:
standesamtliche Trauung mit anschließendem Frühstück für Brautpaar und Trauzeugen
Vormittags: kirchliche Trauung
Mittags:
Empfang mit kaltem und warmem Buffet
Nachmittags:
Kaffeetafel mit Hochzeitstorte
Abends:
Diner mit anschließendem Tanz

Zweitägige Hochzeitsfeier

1. Tag
Vormittags:
standesamtliche Trauung
Nachmittags:
Festmenü für einen kleinen Kreis

2. Tag
Nachmittags:
kirchliche Trauung mit anschließendem Empfang und Kaffeetafel für einen großen Kreis
Danach: Aufbruch in die Flitterwochen

oder:

1. Tag
Vormittags:
standesamtliche Trauung mit anschließendem Brunch für Brautpaar, Trauzeugen und engsten Familienkreis

2. Tag
Vormittags:
kirchliche Trauung mit anschließendem Sektempfang vor der Kirche
Mittags: Festmenü
Nachmittags:
Kaffeetafel mit Hochzeitstorte
Abends:
Buffet mit anschließendem Tanz

Eine Hochzeit, die schon am Vormittag beginnt und sich bis spät in die Nacht hineinzieht, kann für Brautpaar und Gäste sehr anstrengend sein. Auch muß den ganzen Tag für Essen und Getränke gesorgt werden, was kostspielig ist. Eine Alternative dazu ist die Hochzeit, bei der die Trauung erst nachmittags um 14 oder 15 Uhr stattfindet.

ßenden Hochzeitsfeier eingeladen sind, kann nach der Trauung auf dem Vorplatz der Kirche für alle ein Glas Sekt, Saft oder Mineralwasser servieren lassen. Entweder nehmen das ein paar gute Freunde in die Hand, oder Sie beauftragen einen Partyservice, der auch Personal, Gläser und Getränke mitbringt.
Nach dem Empfang wird das Hochzeitsessen serviert oder das Buffet eröffnet. Während des Essens dürfen natürlich auch bei einer kleineren Feier die Hochzeitsreden nicht fehlen. Anschließend sitzen die Gäste gemütlich zusammen und können sich in diesem zwanglosen Rahmen ungestört kennenlernen. Achten Sie darauf, daß sich solch ein Fest nicht pausenlos über den ganzen Tag hinzieht.

Wer zu Hause feiert, braucht vor allem Platz, genügend Sitzgelegenheiten für die Gäste und eine entsprechende Tanzfläche. Im Garten oder auf der Terrasse läßt sich ein besonders schönes Fest arrangieren. Denken Sie vorsichtshalber auch an einen Regenschutz.

Einfach und im großen Rahmen

Eigentlich wollten Sie – nach einem Blick auf den Bankauszug – kein allzu großes Fest feiern, aber trotzdem wird die Gästeliste immer länger. Wie kann man trotzdem ein schönes Hochzeitsfest für Familie und Freunde arrangieren, ohne zu tief in die roten Zahlen zu geraten? Gehen Sie es unkompliziert an, lassen Sie Ihre Phantasie spielen, legen Sie mehr Gewicht auf gute Stimmung als auf Champagner und Trüffelpastete. Organisieren Sie Ihr Hochzeitsfest einfach selbst, und beziehen Sie Freunde und hilfsbereite Angehörige mit ein. So kommen sich die neuen Familienmitglieder zwanglos näher, und die unterschiedlichen Freundeskreise können miteinander bekannt gemacht werden.

Der richtige Ort

Ganz einfach ist es nicht, für wenig Geld einen geeigneten Raum zu finden. Es bieten sich z. B. eine romantische Scheune, ein Vereinsheim oder Gemeindesaal, ein Klubhaus oder ein gemietetes Zelt im Garten an. Aus rosafarbenem, weißem oder leuchtend buntem Kreppapier lassen sich riesige Schleifen und exotische Blüten basteln, und weiße Luftballons machen die Decke zum romantischen Wölkchenhimmel, die Tische sind mit weißen Leintüchern gedeckt und mit Kerzen und Blumen geschmückt. Wenn Sie sich von Freunden, Nachbarn und Verwandten Geschirr ausleihen, kann eine Hochzeitstafel, die zwar mit unterschiedlichem, aber zueinander passendem Geschirr gedeckt ist, wunderschön aussehen. Niemand wird es einem jungen Paar verübeln, daß es für die Hoch-

Ein Theologe für besondere Fälle

Wenn Sie nicht nur an einem ungewöhnlichen Ort feiern, sondern sich auch außerhalb der Kirche das Jawort geben möchten, können Sie sich an den bislang einzigartigen freiberuflichen Theologen in Deutschland wenden.
Er ist auch Ansprechpartner für Leute, die sich gerne kirchlich trauen lassen möchten, in der Amtskirche aber dafür keinen Pfarrer finden, weil sie beispielsweise geschieden sind.

Seine Adresse:
Klaus Schwab
Merianstraße 21
91301 Forchheim

zeitsfeier keine Unsummen ausgibt, solange alles mit Liebe arrangiert ist. Professionelle Unterstützung für ein solches Fest liefert der bereits erwähnte Party-, Catering- oder Veranstaltungsservice, der praktisch alles bereitstellen kann, was für das Fest erforderlich ist – eine fahrbare Küche kocht an Ort und Stelle, eine mobile Disco sorgt für Musik. All diese Dienste können Sie üblicherweise auch einzeln in Anspruch nehmen, was natürlich billiger ist. Fragen Sie außerdem im Buchhandel nach einem Leihlexikon, einem übersichtlich gegliederten Verzeichnis mit Adressen von Firmen, bei denen Sie die verrücktesten Dinge leihen oder mieten können.

Das klassische Hochzeitsfest

Wer hat nicht schon davon geträumt? Edle Seide knistert, die atemberaubendsten Hutkreationen, Frack und Smoking werden aus dem Schrank geholt, es funkelt und glitzert, und die meterlange Schleppe schleift über eine imposante Freitreppe ... Bei einem großen rauschenden Hochzeitsfest, das nachhaltig in Erinnerung bleibt, können fast alle Wünsche verwirklicht werden. Eingeladen werden mindestens 40 Gäste. Das richtige Ambiente bieten ein Schloßhotel, gute Restaurants oder Hotels, die über entsprechende Räumlichkeiten verfügen.

Wie die klassische Hochzeitsfeier ablaufen könnte

Die Trauung findet oft in einer prächtigen Barock- oder Rokokokirche statt. Schlichtere Bauwerke werden mit vielen duftenden Blumen in eine romantische Hochzeitskirche verwandelt. Beim Einzug des Brautpaares werden Blumen gestreut, und während des Gottesdienstes erklingt feierliche Musik – bei solch einer aufwendigen Feier natürlich live! Nach der Trauung begibt sich die Hochzeitsgesellschaft gemeinsam ins Hotel oder Restaurant zum Empfang, bei dem mit Champagner, Saft oder Mineralwasser auf das Brautpaar angestoßen wird. Braut und Bräutigam nehmen Glückwünsche und Geschenke entgegen.

Nach dem Empfang findet üblicherweise das festliche Hochzeitsessen statt. Vor dem Festsaal liegt die Tischordnung oder das Placement aus, damit die Gäste ihren Sitzplatz leichter finden. Das Menü besteht meistens aus fünf Gängen und zieht sich über mehrere Stunden hin. Die Hochzeitstafel ist stilvoll gedeckt und mit Blumen geschmückt. Kerzen verbreiten stimmungsvolles Licht, und im Hintergrund spielt Musik. Während des Essens werden – zumindest vom Brautvater – Reden gehalten.

Nach dem Essen: Wer ein ganztägiges Fest arrangiert, sollte einige Höhepunkte über den Tag verteilen. So kann beispielsweise zum Nachmittagskaffee mit viel Pomp die Hochzeitstorte serviert werden, während ein Steh-

Die Hochzeitskutsche sollten Sie schon einige Monate vor der Trauung bei einem Kutschenunternehmen reservieren.

Bei der »Hochzeit in Rot« stehen überall duftende rote Rosen, es gibt Rosé- oder Rotwein, Campari, rosa Lachs, Langusten und Rotbarben, Himbeerparfait und rote Grütze, natürlich sind auch alle Gäste in Rot und Schwarz gekleidet.

Wer am Hochzeitstag nicht »aus allen Wolken fallen« will, sondern lieber in den siebten Himmel entschweben möchte, kann eine Ballonfahrt planen. Genießen Sie Ihr Glück zu zweit, oder laden Sie Familie und Freunde ein.

geiger Wiener Kaffeehausmusik spielt. Für die Zeit zwischen den Mahlzeiten kann ein Zauberer oder ein anderer Künstler engagiert werden. Für Abwechslung sorgen die unterschiedlichsten Hochzeitsbräuche (siehe ab Seite 114). Nach dem langen Sitzen können ein kleiner Spaziergang durch den Schloßpark, eine Stadtführung oder eine Dampferfahrt ganz angenehm sein. Oder Sie entschweben zwischendurch mit der ganzen Hochzeitsgesellschaft in einem Ballon in die Wolken... Sie können den Gästen auch Gelegenheit geben, sich für den Abend umzuziehen oder sich etwas frisch zu machen.

Am Abend beginnt gegen 20 Uhr der festliche Hochzeitsball, der Höhepunkt des Tages. Die Gäste nehmen Platz, bekommen die Getränke serviert und können sich am Buffet ausgiebig stärken. Der Tanz wird vom Brautpaar mit dem traditionellen Brautwalzer eröffnet. Im Laufe des Abends führen Freunde oder Verwandte des Brautpaares kleine Sketche oder Theaterstücke auf. Meistens wird um Mitternacht die Hochzeitssuppe serviert, danach kann sich das Brautpaar offiziell verabschieden oder – bei entsprechendem Durchhaltevermögen – bis zum Morgengrauen weiterfeiern.

Der Tandemsprung ins Glück: nach der Trauung per Fallschirm ins neue Leben starten.

Die Erlebnishochzeit

Nach einem prüfenden Blick aufs Sauerstoffgerät legen Braut und Bräutigam ihre Schwimmwesten an, und schwupp – schon sind sie über Bord und abgetaucht, um sich in 20 Meter Tiefe das Jawort zu geben. Andere bevorzugen die Lüfte und landen mit dem Fallschirm direkt vor dem Kirchenportal, wo sie von Gauklern, einem Bauchredner und Feuerschluckern erwartet werden.

Professionell organisieren

Die Organisation solcher ereignisreicher Feste ist nicht gerade einfach. Viele Gastronomen haben jedoch den neuen Trend erkannt und wissen, wo man geeignete Künstler und das richtige Ambiente findet. Sie können darüber hinaus auch einen professionellen Hochzeits- oder Veranstaltungsservice (siehe Adressenteil) engagieren, der auch das ungewöhnlichste Fest ohne Pannen über die Bühne bringt. Feiern gehört zum Alltag solcher Agenturen, sie erarbeiten immer wieder neue Ideen und sind flexibel genug, um Ihren individuellen Vorstellungen entgegenzukommen. Sie wünschen sich eine orientalische Nacht im eigenen Garten? Dromedar und Wüstenzelt werden selbstverständlich geliefert. Bei einer märchenhaften Winterhochzeit in den Salzburger Alpen steht natürlich ein Pferdeschlitten bereit. Auch ein Feuerwerk um Mitternacht kann arrangiert werden.

Ausgefallenere Hochzeitsvarianten

Die klassische Hochzeit hat Konkurrenz bekommen. Immer mehr Paare lassen ihrer Phantasie freien Lauf und inszenieren ungewöhnliche Hochzeitsfeiern.

- Beliebt ist die Hochzeitsfeier auf dem Wasser. Chartern Sie Ihr Traumschiff, und lassen Sie sich und Ihre Gäste an Bord so richtig verwöhnen, während draußen die Wellen plätschern. Die Personenschiffahrt ist auf Feste eingerichtet; vom modernen Galaschiff bis zum historischen Schaufelraddampfer findet jeder das Passende. Auch auf Musik und Tanz muß die Hochzeitsgesellschaft nicht verzichten. Kapitäne der deutschen Binnenschifffahrt dürfen zwar keine Trauungen durchführen, aber ein kurzer Landgang zum Standesamt oder zur Kirche sorgt für Abwechslung. In Kiel (siehe Seite 36) kommt der Standesbeamte sogar aufs Schiff; auch ein freiberuflicher Theologe (siehe Seite 108) kann Sie auf See trauen.
- Stellen Sie Ihr Hochzeitsfest unter ein bestimmtes Motto. Laden Sie Ihre Gäste zu einer nostalgischen Biedermeierhochzeit in ein romantisches Schloßhotel ein. Sie fahren in diesem Fall natürlich stilvoll mit einer Kutsche vor.
- Ein Hochzeitswochenende mit der ganzen Hochzeitsgesellschaft ist eine Mischung aus Hochzeitsfest und kleiner Reise. Alle sind weit weg vom Alltag, man sitzt schon beim Frühstück zusammen und hat Gelegenheit, sich zwanglos kennenzulernen. Auch von gesetzlicher Seite steht einer Trauung außerhalb des Wohnortes nichts entgegen. Sie können vor jedem Standesbeamten in Deutschland Ihre Ehe schließen, auch kirchlichen Trauungen außerhalb der Heimatgemeinde steht nichts im Wege (mehr dazu auf Seite 48). Man sollte sich und den Gästen allerdings nicht mehr als höchstens zwei Übernachtungen zumuten, sonst fühlt sich mancher überfordert.
- Die Hochzeit auf dem Land hat einen ganz besonderen Charme, dem sich auch die Stadtbewohner nicht entziehen können. Es wird festlich, aber nicht steif gefeiert. Das richtige Ambiente ist ein traditioneller Landgasthof mit regionaler Küche, denn das Hochzeitsmenü besteht natürlich aus den Spezialitäten der Region. Der Wirt kann Ihnen sicher auch behilflich sein, die passende Musikkapelle zu finden. Das Brautpaar kann in Tracht gehen. Ganz besonders idyllisch läßt es sich in einer leeren Scheune oder bei schönem Wetter an einer langen Hochzeitstafel mitten auf der Wiese unter blühenden Obstbäumen feiern.

Der erste Kuß als Ehepaar unter Wasser ist besonders beliebt bei Trauungen in der Karibik.

Eine Hochzeitsfeier im ungewöhnlichen Rahmen lockert eine Hochzeitsgesellschaft auf und ist daher gut geeignet, wenn sich die Familien des Brautpaares noch nicht kennen.

Fern vom Zuhause, in einer exotischen Umgebung zu heiraten hat etwas für sich. Überlegen Sie aber rechtzeitig, ob Sie dafür auf heimische Bräuche verzichten möchten.

Die Hochzeit im Ausland

Wer sich das Jawort unter Palmen gibt, wird es sich hoffentlich auch unter Eichen und Ahornbäumen nicht anders überlegen … In der Bundesrepublik Deutschland werden Ehen, die im Ausland geschlossen wurden, grundsätzlich anerkannt. Allerdings muß die Trauung den jeweiligen Gesetzen des Landes entsprechen – das Brautpaar muß sich beispielsweise drei Tage in Barbados aufhalten, bevor ein Ehefähigkeitszeugnis ausgestellt wird. Damit die im Ausland geschlossene Ehe in Deutschland Gültigkeit hat, muß die Heiratsurkunde anschließend von einem amtlich zugelassenen Dolmetscher ins Deutsche übersetzt werden. In vielen Ländern besteht auch die Möglichkeit, sich von einem deutschen Konsulatsbeamten trauen zu lassen (ein Verzeichnis, in welchen Ländern dies möglich ist, erhalten Sie beim Auswärtigen Amt, Postfach 11 48, 53001 Bonn).

Mit dem Katamaran durch die Südsee – auch das ist eine Variante, die sich organisieren läßt.

Weitere Auskünfte über eine Eheschließung im Ausland erhalten Sie beim Bundesverwaltungsamt, Referat V II-2, 50728 Köln, Tel. 02 21/7 58 27 47. Auskünfte erteilt natürlich auch die Botschaft Ihres Heiratslandes.

Organisation

Sie können eine Hochzeitsreise mit Trauung im Ausland selbst organisieren oder bei einem der Spezialveranstalter buchen, die komplette »Hochzeitspaketes« anbieten (siehe Adressenteil). Enthalten ist nicht nur der für Pauschalreisen übliche Service, sondern der Veranstalter erledigt auch sämtliche Formalitäten und organisiert eine landestypische Hochzeitsfeier. Man kann sich im Regenwald Borneos von dem Häuptling eines Eingeborenenstammes trauen lassen oder sich von buddhistischen Mönchen im thailändischen Blumengarten drei weiße Punkte auf die Stirn malen lassen, die für Gesundheit, Glück und Segen stehen. Nach buddhistischem Ritus wird übrigens nur vormittags geheiratet, weil die Mönche nach 12 Uhr mittags nichts mehr essen dürfen …

Die Blitzhochzeit

Wem es bei der Hochzeit nicht schnell genug gehen kann, der macht sich auf nach Las Vegas. Die »Wedding-Chapels« sind während der Woche 16 Stunden, an Feiertagen und am Wochenende sogar rund um die Uhr geöffnet. Dort brauchen Sie sich weder um Brautkleid und Blumen noch um Musik oder Trauzeugen zu kümmern. Sogar eine reiswerfende Hochzeitsgesellschaft kann engagiert werden. Steuern Sie eine »Drive-in-Chapel« an, müssen Sie noch nicht mal aus dem Auto steigen oder den Sicherheitsgurt ablegen.

Auch das Tempo der staatlichen Eheschließungsbeamten in Reno ist atemberaubend (Scheidungen gehen dort übrigens fast genauso schnell; nur die Anerkennung vor deutschen Gerichten dauert etwas länger). Es ist tatsächlich das Tempo, das die beiden Spielermetropolen zu wahren Hochzeitsparadiesen gemacht hat. Der Bundesstaat Nebraska verzichtet – im Gegensatz zu den meisten US-Staaten – bei der Eheschließung nicht nur auf Personenstandsurkunden, Aufgebot und Wartefristen, sondern auch auf das Gesundheitszeugnis, das mit hohen Kosten und einem ziemlichen Zeitaufwand verbunden ist.

Der wahre Papierkrieg beginnt jedoch erst, wenn Sie wieder zu Hause sind. Denn die ausländische Heiratsurkunde hat in Deutschland erst Gültigkeit, wenn sie – in amtlicher Übersetzung – von einem deutschen Standesamt legalisiert und eingetragen ist.

Nähere Auskünfte zur »Blitzhochzeit« in den USA erteilen:

- Die Generalkonsulate der USA, deren Adressen Sie über die amerikanische Botschaft in Bonn (Deichmanns Au 29, 53179 Bonn, Tel. 02 28/33 91) erfahren können.
- Fremdenverkehrsamt, Las Vegas Convention and Visitors Authority MAGNUM Management GmbH, Herzogspitalstraße 5, 80331 München, Tel. 089/26 78 95 + 26 77 20

Die unkonventionellsten Hochzeitsangebote gibt es in den USA. Hier ist praktisch alles erlaubt, was gefällt und Spaß macht.

Dokumente für die Hochzeit im Ausland

Je nach Hochzeitsland benötigen Sie unterschiedliche Dokumente, mindestens aber folgende Papiere:

- Einen gültigen Personalausweis
- Eine Geburtsurkunde
- Eine Ehetauglichkeitsbescheinigung (die Sie beim Standesamt Ihres Wohnortes erhalten) im Original und eine notariell beglaubigte Übersetzung in die offizielle Landessprache.
- Wenn Sie wieder nach Deutschland zurückgekehrt sind, müssen Sie Ihre Heiratsurkunde von einem amtlich zugelassenen Dolmetscher ins Deutsche übersetzen lassen.

Hochzeitsbräuche

Hochzeitsbräuche hatten, als sie entstanden, meist den Sinn, Unglück und böse Geister vom Brautpaar fernzuhalten. Heute sind sie nur mehr liebenswerte Relikte, die dennoch bei fast jeder Hochzeit wiederbelebt werden.

Für das Alte bei diesem Brauch greift man gerne zu Schleier oder Hochzeitskleid der Mutter.

Etwas Blaues darf nicht fehlen

Ein alter englischer Brauch besagt, was bei keiner Hochzeit fehlen darf: »Something old, something new, something borrowed, something blue ...« Das Alte und das Neue symbolisieren den Übergang vom Unverheiratetendasein in das Eheleben. Das Geliehene soll Glück bringen, und Blau steht für die Dauerhaftigkeit der Partnerschaft. Blau trägt man übrigens sehr gerne als Strumpfband.

Hochzeitslader

Früher durfte er bei einer richtigen Hochzeit nicht fehlen: Der Gästebitter, Hochzeitslader oder Zeitvertreiber – je nach Region und Dialekt wurde er mit verschiedenen Namen bezeichnet. Oftmals fädelte er sogar die ersten zarten Bande zwischen den zukünftigen Eheleuten ein. Sobald alle Vereinbarungen getroffen waren und der Hochzeitstermin feststand, ging er in festlichem Gewand von Haus zu Haus, um die Gäste einzuladen. Seinen großen Auftritt hatte er am Hochzeitstag: Er war der Mann, der dafür sorgte, daß alles reibungslos ablief. Er kannte alle Bräuche, unterhielt die Gäste mit Reimen und Liedern, führte den Brautzug an und wußte, wo jeder seinen Platz an der Festtafel hatte; er war Zeremonienmeister und Spaßmacher in einer Person. Sein Stock mit den vielen bunten Bändern war dekorativ und gab ihm eine gewisse Autorität. Und er achtete darauf, daß keiner vergaß, was sich gehörte... Diese ernsthafte und würdevolle Funktion des Hochzeitsladers ist heute ganz vergessen, doch als Animateur oder Moderator, der durch den Festtag führt, tritt er heute noch auf. Inzwischen soll es sogar professionelle Hochzeitslader geben, die man engagieren kann.

Der Hochzeitslader, der vor allem in Bayern bekannt ist, sorgt für den reibungslosen Ablauf des Hochzeitsfestes.

Blumenkinder

Das Streuen von frischen Blumen oder Blütenblättern ist ein alter heidnischer Brauch. Der Duft der Blumen sollte Fruchtbarkeitsgöttinnen anlocken, die dem Brautpaar reichlich Nachwuchs bescheren (Näheres auf Seite 98).

Die Brautschuhe

Um ihre Sparsamkeit unter Beweis zu stellen, mußte die Braut manchmal über Jahre hinweg jeden Pfennig für ihre Hochzeitsschuhe zusammensparen. Am Wert der Schuhe konnten die Gäste und der Bräutigam erkennen, ob die Braut in der Lage war, mit Geld umzugehen. Übrigens konnte die frischgebackene Ehefrau ohne große Umstände für Wohlstand in der Ehe sorgen: Sie steckte sich am Hochzeitstag einfach eine Münze in den Schuh und war damit alle finanziellen Sorgen los. Es gab auch ein magisches Rezept aus der Kräuterküche: Gegen böse Zauberkräfte halfen Kümmel und Dill – in die Brautschuhe gesteckt, garantierten sie ungetrübtes Eheglück! Und natürlich durften Braut und Bräutigam nicht vergessen, am Hochzeitsmorgen mit dem rechten Fuß zuerst aus ihren Betten zu kriechen.

Füße und Schuhe waren früher von enormer symbolischer Bedeutung. Das hatte mit Macht und Unterwerfung zu tun. Jemandem die Füße zu küssen war eine Geste der Demut, den anderen zu treten war ein Zeichen der Unterdrückung. In manchen alpenländischen Gegenden gab es einen verwunderlichen Brauch: Während des Hochzeitsfestes versuchten Braut und Bräutigam, einander auf die Füße zu treten. Derjenige, der den Fuß des anderen öfter erwischte, war dann auch in der Ehe der Überlegenere. Die Redensart »unter dem Pantoffel stehen« deutet noch heute darauf hin.

Ein anderer Brauch um die Brautschuhe besagt, daß man versucht, der Braut ihre Schuhe »heimlich« zu entwenden. Als Ersatz erhält sie einfaches, derbes Schuhwerk, das sie nur gegen ein angemessenes Lösegeld wieder gegen ihre zierlichen Brautschuhe austauschen darf. Eine Variante dieses Brauchs ist das Brautschuhversteigern: Der entwendete Schuh wird von einem Gast, der zum Auktionator ernannt wurde, versteigert. Er animiert die Hochzeitsgesellschaft dazu, sich gegenseitig zu überbieten. Den Erlös erhält anschließend das Hochzeitspaar.

Holzsägen

Beim Holzsägen soll das frischgebackene Ehepaar mit vereinten Kräften seine Liebe beweisen. Mit einer Säge muß es gemeinsam einen kräftigen Baumstamm, mit dem Freunde ihm den Weg versperren, in der

Beim Holzsägen müssen Braut und Bräutigam nach dem Standesamt oder der Kirche gemeinsam eine erste Hürde überwinden.

Viele unserer Hochzeitsbräuche stammen aus vorchristlicher Zeit. Was uns heute eher witzig vorkommt, wurde damals sehr ernst genommen. Zahlreiche Rituale sollten dem Brautpaar Glück und viele Kinder bescheren und es andererseits vor Krankheit, Hunger und bösen Geistern schützen.

Achten Sie darauf, daß die Brautentführung nicht zu lange dauert. Es ist für zurückgebliebene Gäste ziemlich langweilig und zerstört jegliche Stimmung, wenn die Gesellschaft stundenlang auf die Rückkehr des Hochzeitspaares warten muß.

Mitte durchsägen. Dieser Brauch stammt aus waldreichen Gegenden und ist auch heute in vielen Teilen Deutschlands noch üblich. Das Holzsägen ist auch ein versteckter Hinweis darauf, daß der gemeinsame Weg ins Glück mit Hindernissen gepflastert ist, die das Paar nur mit Liebe und Mut überwinden kann. Das Holzsägen sollte man nach der Kirche oder dem Standesamt oder vor dem Aufbruch in die Flitterwochen einplanen.

Hochzeitsspalier

Auch bei diesem Brauch werden die frischgetrauten Eheleute spielerisch daran gehindert, den Weg in ihr neues Leben zu gehen. Mit Besen, Stöcken oder anderem Gerät bilden Freunde des Brautpaares eine Gasse, durch die Braut und Bräutigam hindurchlaufen müssen. Dabei versuchen sie – natürlich nicht ernsthaft –, das Paar daran zu hindern. Dieser Brauch steht symbolisch dafür, daß in der Ehe Stolpersteine überwunden werden müssen.

Nach altem Brauch sind die Brautjungfern unverheiratete, junge Frauen – meist Freundinnen der Braut.

Brautentführung

Im Mittelalter gab es tatsächlich einen Brautraub. Damals war er oft die einzige Möglichkeit, die Zustimmung des Brautvaters zur Hochzeit zu erzwingen. Meist ließen sich die jungen Mädchen gerne rauben und setzten sich so über die Wünsche ihres Vaters hinweg. Teilweise waren solche Entführungen aber auch verbrecherische und gewaltsame Aktionen, die die Ehre einer Familie und das Leben einer Frau zerstörten. Heute »entführen« meist Freunde des Bäutigams seine Zukünftige in ein anderes Lokal (wichtig ist, daß sie auch den Brautstrauß mitnehmen). Alles, was sie dort konsumieren, muß der Bräutigam bezahlen – nicht zuletzt deshalb bemüht er sich, seine Frau schnell zu finden.

Brautjungfern und Brautführer

Damit Dämonen und böse Geister das Hochzeitspaar nicht sofort erkennen konnten, umgab man das zukünftige Paar mit Freundinnen der Braut und Freunden des Bräutigams. Diese Brautjungfern und Brautführer gingen beim Hochzeitszug ganz vorne, um die launischen Gespenster zu verwirren.

Brautstrauß und Schleier

Wer wird als nächstes heiraten? Um das herauszufinden, versammeln sich alle unverheirateten weiblichen Hochzeitsgäste um die Braut, die ihren Brautstrauß mit geschlossenen Augen hinter sich in die Menge wirft. Wer ihn fängt, steht als nächste dem Standesbeamten gegenüber... Einem anderen Brauch zufolge nimmt die Braut um Mitternacht ihren Schleier ab, verbindet sich damit die Augen und versucht, eine der unverheirateten Frauen zu fangen. Diejenige, die sie zu fassen bekommt, wird als nächste heiraten.

Doch damit nicht genug, man ist auch hinter dem Schleier der Braut her. Der Schleier galt als Symbol der Jungfräulichkeit, deshalb wurde er der Braut zusammen mit dem Kranz am Ende der Hochzeitsfeier abgenommen. Sie war nun als Ehefrau »unter der Haube« und durfte den festlichen Kopfschmuck einer Braut nicht mehr tragen. Dem Brautschleier wurde auch eine glückbringende Magie zugeschrieben, weshalb jeder Gast versuchte, beim letzten Tanz der Braut ein Stück von ihrem Schleier zu erhaschen. Wenn Sie Ihren nicht zerreißen möchten, setzen Sie einen weißen Ersatzschleier aus billigem Tüll auf.

Über die Schwelle tragen

Böse Geister und heimtückische Dämonen lauern überall. Man vermutete sie früher in Vasen, hinter Türen, in Schränken – selbst unter der Türschwelle der gemeinsamen Wohnung des Brautpaares. Deshalb trug der frischgebackene Ehemann seine Frau vorsichtshalber über die Schwelle, damit die verborgenen Bösewichte ihr nichts anhaben konnten. Ein anderer Brauch versuchte, die Hausgötter mit dem Einzug der neuen Hausbewohnerin zu versöhnen, indem man vor dem Haus Nüsse, Gebäck oder Münzen über das Brautpaar warf.

Die Schwelle, über die der Bräutigam seine Frau trägt, besitzt auch symbolische Bedeutung: Sie markiert die Schwelle, hinter der ein neues Leben beginnt.

Wenn's am Hochzeitstag regnet

Mit flatterndem Magen wird seit Wochen täglich der Wetterbericht gehört. Sämtliche Wolkenformationen werden genau studiert. Das sonst fortschrittliche Brautpaar vergräbt bei Mitternacht Hühnerdreck und Eierschalen – ein Geheimtip von Großmama...

Und trotzdem regnet es am Hochzeitstag. Doch gerade das soll viele glückliche Jahre bringen! Regen versprach eine reiche Ernte und sollte dem Brautpaar Fruchtbarkeit schenken.

Kellentanz

Am Ende der Hochzeitsfeier marschieren die Gäste singend und mit Töpfen, Deckeln und Rasseln bewaffnet durch die Wohnung des jungen Ehepaares. Mit diesem Lärm soll den bösen Geistern endgültig der Garaus gemacht werden, wenn sie sich nicht schon vorher von all den anderen Bräuchen vertreiben ließen.

Manche Bräuche mögen heute altmodisch oder unemanzipiert wirken – entscheiden Sie selbst, wieviel Tradition Sie an Ihrem Hochzeitstag aufgreifen möchten.

Andere Länder, andere Sitten...

Wie andere Kulturen ihre Festtage gestalten, gibt einen guten Einblick in deren Leben. In vielen Ländern ist das Hochzeitsfest die größte Feier im Leben einer Frau, und entsprechend aufwendig wird gefeiert. Vielleicht gefallen Ihnen einige Bräuche so gut, daß Sie sich Ideen für Ihr Fest holen.

In Japan bringt die Braut eine ansehnliche Mitgift in die Ehe, dafür übernimmt der Bräutigam die Kosten der aufwendigen Hochzeitsfeier.

Japan

Hier ist das Heiraten eine recht anstrengende und teure Angelegenheit. Japaner geben immense Summen für ihre Hochzeitsfeier aus, manchmal sind es ein oder zwei ganze Jahresgehälter. In einigen Gegenden wird der Braut die Aufnahme in die neue Familie nicht leichtgemacht: Sie stapft zu Fuß zum Haus ihres Bräutigams und muß dort zuerst über ein Feuer springen, das ihre Schwiegermutter vor der Haustür angezündet hat. Das Haus kann sie nur gebückt betreten, denn im Türrahmen hat die Mutter des Bräutigams einen Strohhut aufgehängt. Damit ist von Anfang an geklärt, wer das Regiment führt – normalerweise wird die Braut erst dann akzeptiert, wenn sie der Familie einen Sohn geboren hat.

Jüdische Hochzeit

Der Talmud besagt, daß ein Mann, der keine Frau hat, eigentlich kein vollständiger Mensch sei. Dies zeigt, welch hohen Stellenwert die Ehe besitzt. Bei einer traditionellen jüdischen Hochzeit wird die verschleierte Braut in der Synagoge vom Rabbiner gesegnet. Wichtiger Bestandteil der Trauung ist der Baldachin, die sogenannte Chuppa. Er besteht aus vier Säulen, darüber ist ein meist besticktes und verziertes »Dach« aus Seide oder Samt gespannt. Eine jüdische Hochzeit kann überall, auch mitten auf der Straße stattfinden, solange das Paar den Baldachin dabeihat. Bevor es sich unter ihn stellt, spricht der Bräutigam ein Gebet und die Braut geht siebenmal um die Chuppa herum, um böse Geister zu vertreiben. Danach werden die Ringe gewechselt. Die Eheurkunde wird laut verlesen, und es folgen mehrere Segenssprüche und die Traurede des Rabbis. Erst wenn der Bräutigam ein Glas zertreten hat, ist die Trauung vollzogen. Dafür gibt es mehrere Interpretationen: Zum einen soll an die Zerstörung des Tempels in Jerusalem erinnert werden, andere deuten die Scherben als Sinnbild für Glück und Unglück im Leben. Nach der Zeremonie wird ausgiebig gegessen, getrunken und getanzt.

Indien

In Indien verläuft die Hochzeitszeremonie nach einem streng überlieferten Ritual. Die Braut trägt einen bunten, glitzernden Sari, der meist aus Seide und reich verziert ist. Auch ihre Hände sind bemalt. Wie bei uns soll der Schmuck böse Geister vertreiben, die Braut beschützen und ihr Glück bringen. Indische Paare müssen bei der Trauung sieben Schritte um ein heiliges Feuer herumgehen und sitzen dann viele Stunden auf einem Podest, damit sie von den Hochzeitsgästen ausgiebig betrachtet werden können. Vor einem hinduistischen Priester gelobt das Paar, die religiösen Gebote einzuhalten und viele Söhne zu bekommen.

Griechisch-orthodoxe Hochzeit

Bei einer griechisch-orthodoxen Hochzeit wird nur am Sonntag abend geheiratet. Dem Priester folgen zunächst der Bräutigam und dessen Vater und dahinter die verschleierte Braut am Arm ihres Vaters zum Altar. Bibel, gezuckerte Mandeln, Trauringe, traditionelle Hochzeitskronen aus Wachsperlen oder Spitze und ein Kelch mit Wein stehen schon bereit. Zwei Kinder halten spezielle Hochzeitskerzen, in deren Flammen die Sünden des Brautpaares wie Wachs dahinschmelzen sollen. Während der Hochzeitszeremonie werden die Ringe angesteckt und die Hochzeitskronen aufgesetzt. Das Paar trinkt dreimal von dem Wein und muß auch dreimal um den Altartisch herumgehen. Anschließend wird gefeiert, und dem Brautpaar wird nach griechischer Sitte am Ende des Festes Geld an die Hochzeitskleidung geheftet. Unter den unverheirateten Frauen werden gezuckerte Mandeln verteilt; legt man sich eine Mandel unters Kopfkissen, soll man sogar vom zukünftigen Ehemann träumen …

Im jüdischen Glauben besitzt die Ehe einen besonders hohen Stellenwert.

Islamische Hochzeit

In islamischen Ländern findet die Hochzeitsfeier im Haus der Brauteltern statt. Wie fast überall auf der Welt wird zusammen mit Freunden und der Familie gefeiert. Anders als bei uns trägt die Braut jedoch einen roten Schleier. Rot wird eine besondere Symbolkraft zugeschrieben – ist es doch die Farbe des Blutes und steht stellvertretend für Liebe, Fruchtbarkeit, Kraft und Reichtum. Während der Hochzeitszeremonie führt der Imam, der islamische Geistliche, die Hände von Braut und Bräutigam zusammen, so daß sich die Daumen der beiden berühren. Währenddessen sprechen die Hochzeitsgäste zusammen mit dem Geistlichen, der dabei noch immer die Hände des Brautpaares hält, die ersten Suren des Korans.

In den verschiedenen Kulturkreisen gibt es die unterschiedlichsten Hochzeitsbräuche. Alle haben sie den Sinn, dem Brautpaar einen möglichst gelungenen Start in sein gemeinsames Leben zu garantieren.

Während bei uns der Trend dahin geht, Hochzeitsfeiern möglichst originell und ausgefallen auszurichten – sicherlich auch eine Auswirkung ständiger Reizüberflutung durch die Medien –, feiern viele Kulturkreise das große Fest noch nach fest überlieferten Riten und Regeln.

Staaten der ehemaligen Sowjetunion

Seit einigen Jahren wird hier wieder verstärkt kirchlich und nicht nur standesamtlich geheiratet. Die alten Traditionen, auf die sich immer mehr Brautpaare besinnen, sind stark religiös geprägt. Sie sind aber sehr unterschiedlich, da es über 100 verschiedene Religionsgemeinschaften gibt, die nebeneinander existieren. Die wichtigsten sind die russisch-orthodoxen, die jüdischen, islamischen und buddhistischen Gruppen. Für alle gilt, daß eine richtige Hochzeit so üppig und prachtvoll wie möglich sein soll. Ärmere Leute sparen lange, um ein Fest auszurichten, bei dem reichlich gegessen und getrunken wird. Auf dem Land kann eine Hochzeit mehrere Tage dauern.

Italien

Schon für den Heiratsantrag existiert ein Brauch: Der Werbende stellt einen Holzstamm vor die Tür seiner Angebeteten. Willigt sie in die Hochzeit ein, holt sie das Holz in ihr Haus, ansonsten rollt sie den Stamm auf die Straße. Nach der Hochzeit muß die Braut ihr Elternhaus verlassen, und sie weint bittere Tränen – allerdings weniger aus echtem Abschiedsschmerz, sondern um den Hausgeistern zu zeigen, daß sie sich nur ungern aus deren Wirkungskreis entfernt. In Sizilien ermöglicht ein Brauch einem Liebespaar, auch gegen den Willen ihrer Eltern zu heiraten: »Fugitina«, die Liebesflucht. Die Verliebten verbringen zusammen eine Nacht, so daß die Eltern letztlich doch in die Hochzeit einwilligen müssen, um den Ruf ihrer Tochter zu retten.

In vielen Gegenden Indiens besitzt die Frau auch heute nur wenig Mitspracherecht bei der Wahl ihres Bräutigams.

Bali

Wenn die Eltern andere Vorstellungen vom zukünftigen Schwiegersohn haben als ihre Tocher, so ist das zumindest in Bali kein allzu großes Problem. Es ist hier durchaus üblich, die Braut zu entführen, wenn diese einverstanden ist. (Oft ist eine Entführung aber auch ein Komplott zwischen den Eltern der Braut und denen des Bräutigams, denn sie sparen sich auf diese Weise die teure Ausrichtung der Hochzeit.) Sind jedoch die Einwände der Eltern gegen den Partner ihrer Tochter ernst gemeint und flieht das Paar gegen deren Willen, so wird das geflohene Brautpaar hartnäckig verfolgt. Erst wenn gute Freunde den Liebenden in ihrem Haus Schutz gewähren, sind sie sicher.

Der eheliche Bund wird in den Ländern Südostasiens und in Indonesien durch ein gemeinsames Mahl von Braut und Bräutigam besiegelt.

Das Brautbad – in vielen Ländern obligatorisch

Es ist ein uraltes Ritual, die Braut vor der Hochzeit zu baden, das in der griechischen und römischen Antike genauso üblich war wie im mittelalterlichen Europa oder in Indien. Oft dauerte diese Zeremonie, bei der sich die

Braut mit ihren Freundinnen und weiblichen Verwandten traf, den ganzen Tag. In islamischen Ländern wie der Türkei ist es in ländlichen Gegenden noch heute üblich, daß der Körper der Braut von den Frauen des Dorfes und weiblichen Familienangehörigen sorgfältig für die Hochzeit vorbereitet wird. Die Braut wird von Kopf bis Fuß gewaschen, ihr Körper wird vorsichtig enthaart, danach folgt eine Massage mit Handschuhen aus feiner Seide. Das Kopfhaar streichen die Frauen mit Henna ein, danach wird es gewaschen und mit dem pflegenden Saft duftender Kräuter eingerieben. Während des Badens werden Lieder gesungen, die Braut entspannt sich und erhält von den verheirateten Frauen eine Art Sexualaufklärung, die jedoch weniger medizinisch als sinnlich zu begreifen ist. Dieser erotische Aspekt wiederholt sich bei der Hochzeitsfeier, wenn eine Bauchtänzerin ihre Reize spielen läßt und so den Bräutigam und seine Braut für die Hochzeitsnacht in die richtige Stimmung versetzt.

Bei einer griechisch-orthodoxen Hochzeit wird nur am Sonntag abend geheiratet.

Bild links: Auffällig ist bei einer islamischen Braut ihr Hochzeitsschleier, der nicht wie in vielen Ländern weiß, sondern rot ist.

Die Braut muß während des Bades auch ein paar Locken opfern – ein geradezu magischer Akt, müssen sie doch beim Schneiden auf einen Spiegel fallen, damit sie der Braut Glück bringen. Für das Fest wird ihr Haar geflochten und mit Goldmünzen, Glasperlen und kleinen Glücksbringern geschmückt. Alles, was blinkt und glitzert oder einen speziellen Zauber hat, soll böse Geister vertreiben.

✳

Überall wird die Hochzeit auf andere Weise gefeiert. Überall aber ist es ein Tag von großer Bedeutung, der entsprechend vorbereitet und gefeiert wird. Ob Brautkleid oder Festtagstafel – etwas Besonderes soll es sein, das ins Auge sticht, beeindruckt und in Erinnerung bleibt. Im asiatischen und arabischen Raum geht man sogar davon aus, daß die Zukunft der Ehe um so besser aussieht, je prunkvoller die Hochzeit ist. Auf diese Weise verschulden sich Familien oft auf Jahrzehnte hinaus. Unserem Kulturkreis ist ein solches Denken heute fremd. Lassen Sie deshalb Ihre Phantasie spielen, und machen Sie Ihren großen Tag lieber zu einem unvergeßlichen als zu einem allzu kostspieligen Ereignis.

Auch in Singapur gibt es das rituelle Brautbad. Das Mädchen darf drei Tage vor ihrer Hochzeit das Haus nicht verlassen und sich auch nicht waschen oder ihre Kleidung wechseln – bis sie kurz vor der Vermählung ihr Brautbad nimmt.

Der Countdown läuft

Die Zeit wird immer knapper und das Brautpaar immer nervöser – ein Phänomen, das wohl bei jeder Hochzeit auftritt. Auch wenn alles noch so genau geplant ist – die Vorstellung, sich bald offiziell und vor vielen Gästen das Jawort zu geben, läßt wohl kein Paar ganz gelassen.

Schuhe

Checklisten für die perfekte Hochzeitsorganisation

Sind Sie jetzt, wo der Hochzeitstermin immer näher rückt, vielleicht doch etwas nervös geworden? So viele Termine, Einkäufe und Überlegungen, die es zu koordinieren gilt, um nicht zu guter Letzt doch im Hochzeitschaos zu versinken ... Bewahren Sie Ruhe, und verteilen Sie mittels der folgenden Checklisten die Aufgaben – dann kann eigentlich nichts mehr schiefgehen.

Noch sechs Monate ...

Wahrscheinlich haben Sie gerade den Entschluß zur Hochzeit gefaßt. Herzlichen Glückwunsch! Jetzt müssen erste Termine festgelegt werden.

Vorüberlegungen

- ○ **Ort und Zeit:** klären, wann und wo geheiratet und wo gefeiert wird
- ○ **Art der Feier:** Welchen Rahmen bekommt das Fest?
- ○ **Kostenschätzung:** erste Kostenkalkulation erstellen
- ○ **Programmablauf:** Abfolge der standesamtlichen und kirchlichen Trauung festlegen

Erste Schritte

- ○ **Kirchliche Trauung:** Datum und Uhrzeit mit dem Pfarrer vereinbaren
- ○ **Standesamt:** Datum und Uhrzeit ... für die standesamtliche Trauung vereinbaren
- ○ **Personalausweise bzw. Pässe** – falls nötig – verlängern lassen
- ○ **Urlaub** beim Arbeitgeber beantragen. (Für den Hochzeitstag gibt es üblicherweise Sonderurlaub.)

Prüfen, testen, Kostenvoranschläge einholen

- ○ **Gastronomie:** Festlokal auswählen, Rahmen des Festes besprechen, Hochzeitsmenü festlegen, Probeessen
- ○ **Location auswählen,** wenn nicht im Restaurant gefeiert werden soll
- ○ **Service:** mit Party- oder Veranstaltungsservice, Verleihfirmen für Zelt, Geschirr, Mobiliar etc. Termin, Leistung und Kosten vereinbaren
- ○ **Kirchenmusiker** engagieren
- ○ **Künstler:** Band, Discjockey, Unterhalter, Hochzeitslader etc.
- ○ **Fotografen/Videofilmer** auswählen
- ○ **Fahrzeug:** Kostenvoranschlag für Leihauto oder Pferdekutsche
- ○ **Hilfskräfte:** im Familien- und Freundeskreis bezüglich freiwilliger Helfer für die Festorganisation vorfühlen

Venedig, eines der beliebtesten Ziele für Frischverheiratete. Wenn auch Sie Ihre Hochzeitsreise dorthin planen, sollten Sie frühzeitig buchen.

Noch vier Monate…

Schlaflose Nächte müssen Sie jetzt noch nicht haben. Vieles haben Sie bereits erledigt, so daß Sie nun in aller Ruhe folgende Dinge in Angriff nehmen können:

- ○ **Dokumente** (beglaubigte Abschriften) für die standesamtliche und kirchliche Trauung besorgen
- ○ **Aufgebot** beim Standesamt bestellen
- ○ **Gästeliste** aufstellen
- ○ **Garderobe:** Brautkleid kaufen, leihen oder nähen lassen; Kopfschmuck, Accessoires, Hochzeitsanzug, Schuhe

Noch drei Monate…

Der Hochzeitstag rückt immer näher, und es wird Zeit, konkrete Schritte zu unternehmen. Sie sollten auch über einen Ehevertrag nachdenken, selbst wenn man sich in dieser gefühlsbetonten Zeit nicht so gerne mit Paragraphen beschäftigt.

- ○ **Trauringe** auswählen und in Ihren Größen bestellen, eventuell Gravur in Auftrag geben
- ○ **Notar oder Anwalt:** Termin wegen eines Ehevertrags vereinbaren
- ○ **Geschenklisten** anfertigen oder im Fachgeschäft wegen eines Hochzeitstisches anfragen (Hochzeitstische werden üblicherweise die letzten vier bis sechs Wochen vor der Hochzeit aufgestellt.)
- ○ **Einladungskarten:** Text entwerfen und Druckauftrag vergeben oder vorgedruckte Karten kaufen und selbst ergänzen. Wenn Sie sich für einen Hochzeitstisch entschieden haben, können Sie auf der Karte auch das Fachgeschäft nennen, wo er sich befindet. An alle Gäste verschicken!
- ○ **Tanzkurs für Brautwalzer** belegen
- ○ **Trauzeugen, Brautjungfern und Blumenkinder** auswählen und mit ihnen absprechen, ob sie dazu bereit sind.
- ○ **Hochzeitsreise buchen** (An Impfungen oder sonstige Bestimmungen denken!)
- ○ **Hochzeitstag:** Programmablauf festlegen

Eine schöne Idee ist es, auch die Haustür festlich zu schmücken. Geben Sie das Blumenarrangement rechtzeitig beim Floristen in Auftrag.

Noch vier Wochen ...

Die Phase der Ruhe ist nun endgültig vorbei. Sie werden sehen, es gibt eine Menge zu koordinieren. Schieben Sie nichts mehr unnötig auf die lange Bank, sonst läuft Ihnen plötzlich die Zeit davon.

Trauung/Kirche

- ○ **2. Gespräch mit dem Pfarrer:** detaillierte Absprache wegen der kirchlichen Trauung – Datum, Uhrzeit, ungefähre Dauer der Zeremonie, Musik, Blumenschmuck, Gestaltung des Einzugs in die Kirche und Genehmigung für den Fotografen. Bei dieser Gelegenheit können Sie den Pfarrer persönlich zu Ihrer Hochzeit einladen, eine schriftliche Einladung ist eher unpassend
- ○ **Trauzeugen** daran erinnern, daß sie gültige Ausweise brauchen
- ○ **Trauzeugen, Brautführer, Brautjungfern, Blumenkinder:** mit allen wichtigen Beteiligten genau absprechen, wer wann wo zu sein hat. Eventuell eine Generalprobe für den Einzug in die Kirche und den Hochzeitszug abhalten
- ○ **Musik:** wenn von Band/CD gespielt werden soll, auf jeden Fall vorher testen, wie die Musik im Kirchenraum klingt, und prüfen, ob genügend elektrische Anschlüsse und Verlängerungskabel für die Geräte vorhanden sind

Gäste

- ○ **Gästeliste:** Zu- und Absagen der Gäste vermerken, eventuell nachhaken
- ○ **Tischordnung** festlegen
- ○ **Übernachtungsmöglichkeiten** für auswärtige Gäste reservieren

Fest

- ○ **Festlokal:** Terminabsprache (mit schriftlicher Bestätigung) treffen: Festbeginn; Menüfolge; Getränke; Tischordnung; Dekoration der Räume, Tische, Buffets, des Geschenktisches und der Tanzfläche; Beleuchtung und elektrische Anschlüsse für die (Live-) Musik; Anlieferungszeiten für Blumenschmuck und Hochzeitstorte
- ○ **Tisch- und Menükarten** herstellen oder drucken lassen
- ○ **Genaue Termine vereinbaren:** mit Party- oder Veranstaltungsservice, Zeltverleih, Musikern und Künstlern, Autoverleih und Konditorei (Hochzeitstorte). Uhrzeit und Datum sowie genaue Festadresse am besten schriftlich oder per Fax durchgeben!
- ○ **Brautstrauß und Blumenschmuck** bestellen und genauen Liefertermin festlegen. Wann kann der Schmuck für den Brautwagen abgeholt werden, wann wird der Blumenschmuck für Kirche und Festlokal geliefert?
- ○ **Fotograf/Videofilmer:** Wann wird wer wo fotografiert oder gefilmt? Auflagen bezüglich des Fotografierens in der Kirche berücksichtigen
- ○ **Gästebuch** besorgen
- ○ **Ablauf des Tages:** mit Hochzeitslader, Hochzeitsservice oder Animateur den Tagesablauf Punkt für Punkt durchgehen und mit ihnen und den anderen Beteiligten die Termine abstimmen

Braut/Bräutigam

- ○ **Friseurtermine** festlegen, Hausbesuch am Hochzeitsmorgen zum Aufstecken des Haarschmucks einplanen
- ○ **Kosmetikerin:** evtl. Termin zur Behandlung und Beratung vereinbaren
- ○ **Generalprobe** für Make-up und Kleidung einplanen
- ○ **Danksagungskarten** in Auftrag geben

Aufgaben für Ihre Helfer

- ◯ Wer hilft der Braut am Hochzeitsmorgen beim Anziehen der Kleidung, bei Frisur und Make-up?
- ◯ Wer organisiert und betreut den Hochzeitszug und die Gäste in der Kirche?
- ◯ Wer beaufsichtigt die Blumenkinder?
- ◯ Wer verteilt die Ansteckblumen?
- ◯ Wer organisiert einen kleinen Sektempfang nach der standesamtlichen Trauung?
- ◯ Wer organisiert Abholdienst und Mitfahrgelegenheiten (zur Trauung, Kirche, Restaurant, Hotel...) für auswärtige Gäste, die mit der Bahn oder dem Flugzeug anreisen?
- ◯ Wer betreut die Tischordnung (Placement), verteilt die Tischkarten und führt die Gäste an ihre Plätze?
- ◯ Wer betreut den Geschenketisch beim Fest und versorgt die Blumensträuße?
- ◯ Wer koordiniert die Tischreden?
- ◯ Wer hält den Kontakt zwischen Gästen und Bedienungspersonal?
- ◯ Wer betreut »schwierige« Gäste und Kinder?
- ◯ Wer nimmt Künstler und Musiker in Empfang?
- ◯ Wer animiert die Gäste zu Spielen und Hochzeitsbräuchen?
- ◯ Wer hilft beim Aufräumen vor der Kirche und im Lokal nach der Feier?

Während der letzten sieben Tage ...

Schlafen Sie noch tief und fest, oder schrecken Sie nachts schweißgebadet hoch, weil Sie sich ohne Trauringe in der Kirche sehen? Kein Grund zur Panik. Sie haben ja alles geordnet und im Griff. Jetzt geht es nur noch um Kleinigkeiten.

Gemeinsame Vorbereitungen

- ◯ **Fahrtstrecken und -zeiten** prüfen. Längere Strecken, wie zur Kirche, zum Standesamt oder Restaurant, abfahren, damit es am Hochzeitstag nicht zu ungewollten Verspätungen kommt. Denken Sie daran, daß der blumengeschmückte Brautwagen höchstens 40 Stundenkilometer fahren kann.
- ◯ **Hochzeitsreise:** rechtzeitig die Koffer packen, Flugtickets abholen etc.
- ◯ **Hochzeitskleidung:** an einem gut belüfteten Ort locker aufhängen; vielleicht muß noch etwas aufgebügelt werden.
- ◯ **Personalausweis** zurechtlegen
- ◯ **Ringe** bereithalten
- ◯ **Hochzeitsanzeige** bei der Zeitung aufgeben

Vorbereitungen der Braut

- ◯ **Beautycase und Brauttäschchen:** prüfen, ob Sie alle Kosmetika, Ersatzstrumpfhose etc. vorrätig haben, die Sie nach dem Schminken am Hochzeitsmorgen brauchen.
- ◯ **Make-up:** evtl. Wimpern färben und Augenbrauen in Form zupfen
- ◯ **Kosmetikerin:** eventuell Beine mit Wachs enthaaren lassen (am besten zwei Tage vor der Hochzeit)
- ◯ **Achselhaare:** mit einem Rasierer oder einer speziellen Enthaarungscreme zwei bis drei Tage vor der Trauung entfernen (Die Creme auf allergische Reaktionen testen!)
- ◯ **Accessoires:** Handtäschchen, Handschuhe, Schmuck, Dessous, Schuhe griffbereit halten

In der letzten Woche vor der Hochzeit sollten Sie sich trotz aller Vorbereitungen etwas Zeit für sich nehmen, um an Ihrem großen Tag gut auszusehen.

Noch ein Tag...

Alles, was es für Sie noch zu tun gibt, ist, sich innerlich und äußerlich auf das große Ereignis vorzubereiten: Gönnen Sie Ihrer Seele und Ihrem Körper Pflege und Entspannung.

- ◯ **Friseur:** Haare waschen und fönen, eventuell eindrehen
- ◯ **Kosmetikerin:** letzte Maniküre und Pediküre
- ◯ **Ausruhen:** keine schwerverdaulichen Speisen essen und viel stilles Mineralwasser trinken; das ist gut für den strahlenden Teint am nächsten Tag

Die Stunden Ihres großen Tages werden wie im Nu verfliegen. Teilen Sie daher Ihre Zeit genau ein.

Ihr persönlicher Stundenplan

Schreiben Sie sich für den Hochzeitstag einen richtigen Stundenplan – einen für die Braut und einen für den Bräutigam, da Sie beide bis zur Trauung unterschiedliche Dinge zu erledigen haben. Termine, für die andere zuständig sind, etwa die Anlieferung der Hochzeitstorte, nehmen Sie in diesen Stundenplan natürlich nicht auf, da Sie sich ja nicht mehr darum kümmern müssen.
Ein Stundenplan könnte z. B. wie folgt aussehen:

	Uhrzeit
Aufstehen	________
Duschen	________
Frühstücken	________
Schminken	________
Hochzeitskleidung anziehen	________
Frisur hinrichten und Kopfschmuck aufstecken (eventuell beim Friseur)	________
Papiere, Ringe, Trinkgelder einstecken	________
Abfahrt zum Standesamt	________
Standesamtliche Trauung	________
Sektempfang	________
Abfahrt zur Kirche	________
Kirchliche Trauung	________
Abfahrt ins Restaurant	________
Ankunft im Festlokal	________

Junggesellenabschied

Mit der Hochzeit beschließen Mann und Frau einen Lebensabschnitt, um gemeinsam einen neuen zu beginnen. In vielen Fällen wohnen Paare zwar heute schon vorher zusammen, doch es ist noch gar nicht so lange her, da war die Heirat Voraussetzung dafür, daß man überhaupt eine gemeinsame Wohnung beziehen konnte. Aus dieser Zeit rührt wohl auch die Vorstellung, die vor allem die Männer – halb ernst, halb im Spaß – zu beschäftigen schien, daß die Tage der »Freiheit« nun vorüber seien. Die Ehe bedeutete, diese Freiheit für immer aufzugeben – einen schmerzlichen Abschied, der daher gebührend gefeiert werden mußte. Und das geht natürlich nur im Kreis engster Männerfreunde. Ein solcher Junggesellenabschied ist in der Regel eine feuchtfröhliche, derbe Angelegenheit, und es ist gut, daß Frauen hier nicht zugelassen sind. Es wird viel gebechert und gelästert, die Freunde ziehen den Bräutigam auf und lassen kein gutes Haar an der bevorstehenden Hochzeit. Der Ehemann in spe muß sehr stand- und trinkfest sein, um einen solchen Abend einigermaßen glimpflich zu überstehen. Es ist deshalb nicht ratsam, den wirklich allerletzten Abend vor dem großen Ereignis dafür auszuwählen. Den Anforderungen des Hochzeitstages wäre ein verkaterter Bräutigam wohl kaum gewachsen, ganz davon abgesehen, daß er keine besonders gute Figur machen würde. Am Abend vor dem großen Ereignis sollte der Mann sich Ruhe und Entspannung gönnen. Ein Bad, Nagelpflege und eine gute Gesichtscreme tun ihr übriges. Vermeiden Sie auch Alkohol und schwere Speisen.

Ausgeschlafen und gut ausgeruht werden Sie, begleitet von Ihren Blumenmädchen, Ihren großen Tag genießen können.

Die Nacht vor der Hochzeit

Wie immer Sie Ihre letzte Nacht als Unverheiratete gestalten, alles sollte so entspannt wie nur möglich ablaufen! Ein anstrengender und bedeutungsvoller Tag erwartet Sie, den Sie ausgeruht am besten genießen können. Es gibt Paare, die diese besondere Nacht noch mal völlig ungestört und ganz alleine verbringen möchten.

Nehmen Sie sich Zeit für sich selbst. Als Braut widmen Sie sich ganz Ihrer Schönheit. Bereiten Sie Ihre Haut mit einer reinigenden und pflegenden Maske für Gesicht und Dekolleté auf den großen Tag vor. Die perfekte Entspannung vor dem Schlafengehen verschafft ein kurzes, aber nicht zu heißes, duftendes Bad. Anschließend gut eincremen! Vor allem Hände und Füße mit einem Spezialprodukt massieren – und ab ins frisch bezogene Bett.

Den großen Tag erleben

*An diesem feierlichen Tag stehen Braut und Bräutigam im Mittelpunkt; alles dreht sich nur um die beiden, die heute Mann und Frau werden!
Es ist ein Tag, der ganz besonders gestaltet und gefeiert werden möchte. Die kirchliche Trauung ist für die meisten Paare der Höhepunkt dieses festlichen Ereignisses.*

Rund um die kirchliche Trauung

Sie haben lange darauf gewartet und sich intensiv vorbereitet. Endlich ist es soweit: Sie wachen auf und können es vielleicht noch nicht fassen, doch Ihr langersehnter Hochzeitstag ist da! Ein Tag, den Sie wahrscheinlich nicht vergessen werden. Viel Aufregendes und Schönes erwartet Sie: Ihr duftiges Brautkleid, der funkelnde goldene Ring, die Hochzeitszeremonie, Musik, ein fröhliches Fest, Menschen, die Sie mögen, Glückwünsche, unzählige Küsse und Umarmungen, schöne Geschenke, freundliche Gesichter und natürlich Ihr strahlender Ehepartner.

Falls Sie am Hochzeitstag mit Ihrem eigenen Auto fahren, sollten Sie zumindest während der Fahrt zum Standesamt, zur Kirche und zum Restaurant nicht selbst am Steuer sitzen.

Wenn Sie als Hochzeitsgefährt solch einen eleganten Wagen wählen, sollte auch die Kleidung stimmen: Cut oder Stresemann für den Bräutigam und ein feierliches Kleid für die Braut.

Kutsche oder Cadillac?

Das Fahrzeug, in dem das Brautpaar zur Kirche fährt, sollte zum Rahmen des Hochzeitsfestes passen. Bei einer fröhlichen, unkomplizierten Hochzeit kann das ein Käfer oder eine Ente sein; mit großer Schleife und Blumengirlanden geschmückt, kann aus fast jedem Auto der passende Brautwagen werden (siehe Seite 99). Zur klassischen Hochzeit und zum ländlichen Fest paßt auch eine Pferdekutsche. Wer es an seinem Hochzeitstag besonders elegant und aufwendig mag, mietet sich einen Rolls-Royce oder einen aufsehenerregenden Oldtimer. Immer richtig für die Fahrt ins Glück ist der rosa Cadillac. Falls der Bräutigam schon immer einmal eine schwere Harley fahren wollte, bietet vielleicht der Hochzeitstag die richtige Gelegenheit – allerdings braucht die Braut dazu das entsprechende Outfit.

Den Hochzeitswagen leihen

All diese Traumfahrzeuge können Sie auch mieten, meist steht sogar ein Chauffeur in voller Montur zu Ihrer Verfügung. Verleihfirmen für Luxuswagen finden Sie im Branchenbuch unter »Autovermietung«, über einen Veranstaltungsservice oder in unserem

Adressenverzeichnis. Suchen Sie sich eine Firma in der Umgebung, denn auch die Anfahrtskilometer müssen bezahlt werden. Abgerechnet wird üblicherweise nach Stunden oder Tagen und Kilometern. Setzen Sie sich frühzeitig mit der Firma in Verbindung, lassen Sie sich Kostenvoranschläge machen, und vergleichen Sie. Wenn die hohen Preise Sie abschrecken, können Sie versuchen, das Ganze privat zu arrangieren: Vielleicht gibt es unter Ihren Freunden und Verwandten jemanden, der ein geeignetes Auto hat und dieses für Ihren großen Tag zur Verfügung stellen kann.

Sitzordnung im Auto

Wenn Sie sich bei der Sitzordnung im Wagen an Knigge halten wollen, dann nehmen Sie als Brautpaar auf dem Rücksitz Platz – die Braut sitzt links, der Bräutigam rechts neben ihr. Sie steigt zuerst ein und ordnet ihr Kleid, bevor der Bräutigam sich im Wagen niederläßt. Beim Aussteigen ist es genau umgekehrt: Zuerst steigt der zukünftige Ehemann aus, um seiner Braut behilflich zu sein, damit sich ihr Kleid nicht verheddert. Bei Fahrten im offenen Kabrio sollte man aufpassen, daß der Schleier nicht davonweht oder die Frisur in Mitleidenschaft gezogen wird.

Einzug in die Kirche

Bereits der Einzug des Brautpaares in die Kirche ist Bestandteil der Trauungszeremonie und sollte vorher mit dem Pfarrer abgesprochen werden. Da nach katholischer Lehre die Ehe erst in der Kirche geschlossen wird, bietet es sich an, daß Braut und Bräutigam den Altarraum getrennt betreten. Der Bräutigam wird in diesem Fall zusammen mit dem Trauzeugen durch die Sakristei kommen, tritt dann vor den Altar und erwartet dort seine Braut, die vom Brautführer oder von ihrem Vater zu feierlicher Musik durch die Kirche geleitet wird. Brautjungfern und Blumenkinder gehen ihr voraus.

Möchte das Brautpaar gemeinsam zum Altar gehen, schreitet die Braut vor der Trauung links vom Bräutigam und erst nach der Zeremonie, also beim Auszug aus der Kirche, rechts von ihrem Mann.

Evangelischer Einzug

Nach evangelischer Lehre betreten die Brautleute bereits als Verheiratete die Kirche. Deshalb werden sie sinnvollerweise gemeinsam in die Kirche einziehen, wobei die Braut rechts vom Bräutigam geht. Der Pfarrer empfängt das Paar normalerweise am Kirchenportal und geleitet es zum Altar.

In manchen Gegenden ist es Brauch, daß der Hochzeitszug gemeinsam in die Kirche einzieht. Das würde aber bedeuten, daß die Braut bzw. das Brautpaar eine fast leere

Der »romantische Dauerbrenner« für die Hochzeit, eine Pferdekutsche, paßt zum klassischen Hochzeitsfest und zur ländlichen Feier.

Stimmen Sie auch aus praktischen Gründen Ihre Kleidung mit dem Hochzeitsgefährt ab: Es dürfte problematisch werden, wenn Sie am Hochzeitsmorgen in Ihrem aufwendigen Traumkleid – vielleicht mit Reifrock und langem Schleier – vor dem geschmückten Kleinwagen stehen.

Dem Trauspruch kommt bei der kirchlichen Trauung eine besondere Bedeutung zu. Machen Sie sich Gedanken, welche Worte für Sie in diesem bewegenden Moment am besten Ihre Gedanken und Hoffnungen wiedergeben.

Mit der kirchlichen Trauung schließen Braut und Bräutigam einen Bund fürs Leben – aus religiöser Sicht ist eine Trennung nur in Ausnahmefällen möglich.

Kirche betritt, weil die Hochzeitsgesellschaft erst folgt. Das Brautpaar müßte in diesem Fall also vor dem Altar warten, bis alle Gäste ihre Plätze eingenommen haben. Viel festlicher und schöner ist es natürlich, wenn die Gäste bereits in den Kirchenbänken sitzen, wenn die Braut zu feierlichen Klängen vor den Altar geführt wird.

Kirchliche Trauung

Die Segnung durch den Pfarrer ist für fast alle Paare der feierlichste Moment – und zugleich der Moment, den sie höchstens in Gedanken proben konnten.

Katholisch

Braut und Bräutigam nehmen vor dem Altar Platz, und der Traugottesdienst, der auf Wunsch in eine heilige Messe eingebettet sein kann, beginnt. Nach einem Gebet segnet der Pfarrer die Trauringe, die der Bräutigam zusammen mit der Eheschließungsurkunde des Standesamtes vorher bei ihm abgegeben hat. Anschließend hält er eine Predigt, die von kleinen Musikstücken und Gebeten unterbrochen werden kann. Der Pfarrer fragt schließlich Braut und Bräutigam, ob sie einander heiraten möchten. (Sprechen Sie rechtzeitig vor der Trauung mit Ihrem Geistlichen über den Trauspruch.) Nachdem beide Partner mit Ja geantwortet haben, stecken sie sich gegenseitig die Trauringe an den Ringfinger der rechten Hand und geben einander die Hände, die der Pfarrer mit einer Stola umwickelt und segnet. Die Trauzeugen und das Brautpaar unterschreiben abschließend in der Sakristei die Hochzeitsurkunde.

Evangelisch

Nachdem Braut und Bräutigam vor dem Altar Platz genommen haben, beginnt der Gottesdienst mit einem Bibelwort über die Ehe aus dem Alten oder Neuen Testament. Anschließend hält der Pfarrer eine Predigt und fragt dann das Brautpaar, ob sie einander heiraten möchten. Nachdem beide mit Ja geantwortet haben, werden die Ringe gewechselt, und der Pfarrer segnet das Paar. Danach spricht die ganze Gemeinde das Vaterunser. Der Gottesdienst, der nach Wunsch durch mehrere Musikstücke unterbrochen werden kann, wird durch den Segen des Pfarrers für die Hochzeitsgemeinschaft beendet. Nach der Zeremonie unterschreibt das Brautpaar die Hochzeitsurkunde.

Ökumenisch

Bei dieser Trauung übernimmt normalerweise ein Geistlicher – also der katholische oder der evangelische (meist der, in dessen Kirche sich das Paar vermählt) – die Leitung des Gottesdienstes. Entscheiden sich Braut und Bräutigam für den evangelischen Pfarrer, benötigen sie dazu die Einwilligung seines katholischen Kollegen. Wenn beide Geistliche gemeinsam den Gottesdienst gestalten, wechseln sie sich beim Trauungszeremoniell ab. Es besteht auch die Möglichkeit, daß beide Pfarrer das Jawort vom Brautpaar erfragen.

Musikalische Gestaltung des Gottesdienstes

Es wäre fatal, wenn Ihnen beim Klang von Orgelmusik ein unangenehmer Schauder über den Rücken liefe oder die Musik von Bach Sie augenblicklich an Ihre gräßlichen Klavierstunden erinnerte und Sie am liebsten aus der Kirche laufen würden. Nehmen Sie sich deshalb bei der Vorbereitung der kirchlichen Trauung besonders viel Zeit für die Auswahl der Musikstücke. Die Musik soll wie die Kleidung oder das Festmenü zum Rahmen der Hochzeit passen und vor allem Ihre Stimmung wiedergeben. Sprechen Sie am besten vorher mit dem Pfarrer über Ihre Wünsche. Es gibt viele verschiedene Möglichkeiten, Ihre Trauung musikalisch zu untermalen.

Orgelmusik oder Solisten

Die klassische kirchliche Trauung wird von feierlicher Orgelmusik begleitet. Wenn Sie eine Hochzeit in diesem Stil planen, sollten Sie sich rechtzeitig mit einem erfahrenen Organisten zusammensetzen, der Ihnen passende Vorschläge für die entsprechende musikalische Gestaltung unterbreiten kann. Vielleicht stellen Sie sich auch ein kleines Orchester, einen Chor, einen Solisten oder eine Solistin vor? Wenn es bei Ihnen in der Nähe eine Musikhochschule oder Musikschule gibt, rufen Sie einfach dort an, oder hängen Sie einen Zettel ans schwarze Brett (Adressen von Musikern finden Sie auch im Anhang). Künstler werden außerdem durch den Künstlerdienst vermittelt. (Die Adressen finden Sie in den Gelben Seiten; auch das zuständige Arbeitsamt kann Ihnen weiterhelfen.)

Feierliche Orgelmusik erklingt meist beim Einzug des Brautpaares in die Kirche und beim Auszug der Hochzeitsgesellschaft nach der Trauung.

Der Gottesdienst läßt sich besonders persönlich gestalten, wenn ein Freund oder Verwandter des Brautpaares selbst zum Instrument greift oder einen Sologesang zum besten gibt. Auch dies sollte vorher mit dem Pfarrer besprochen werden.

Musik vom Band

Wenn Sie lieber auf Ihr Lieblingsstück auf Platte oder CD zurückgreifen möchten, fragen Sie den Pfarrer, ob die Kirche eine Stereoanlage besitzt und Sie diese bei Ihrer Trauung benützen dürfen. Vielleicht ist ein Stromanschluß vorhanden, dann können Sie eventuell selbst ein Gerät installieren und eigene Tonträger abspielen (planen Sie auf jeden Fall

Die musikalische Begleitung des Gottesdienstes macht die Trauung erst richtig feierlich. Spätestens beim »Ave Maria« wird keiner der Hochzeitsgäste mehr die Tränen zurückhalten können.

eine Generalprobe ein, denn in einem riesigen Kirchenraum klingt die Musik oft überraschend verzerrt).

Wann welche Musik?

Erkundigen Sie sich zu Beginn Ihrer Planungen beim Pfarrer, wann und wie viele Musikstücke während der Trauungszeremonie gespielt werden können. Üblich sind mindestens drei Stücke: Getragene feierliche Musik begleitet das Brautpaar beim Einzug in die Kirche, nach dem Jawort erklingt meist ein besinnliches, meditatives Stück, bei dem sich die Zuhörer ganz Ihren Gefühlen und Gedanken überlassen dürfen. Ist die Trauungszeremonie beendet, verläßt das Brautpaar, begleitet von einer fröhlichen, beschwingten Melodie, gemeinsam mit den Hochzeitsgästen die Kirche. Trotz dieser unterschiedlichen Stimmung der Musikstücke sollten Sie jedoch eine klare Linie beibehalten. Eine Mischung traditioneller und moderner Melodien ist zwar interessant, doch sollte der Wechsel auf keinen Fall zu abrupt eintreten. Lassen Sie sich bei der Auswahl von Ihren persönlichen Vorlieben leiten – schließlich begleitet die Musik Ihren großen Tag. Hier einige Vorschläge zur musikalischen Gestaltung:

- Für den Einzug des Brautpaares: Ankunft der Königin von Saba, aus der Oper »Salomo« (G. F. Händel); Hochzeitsmarsch, aus dem »Sommernachtstraum« (F. Mendelssohn Bartholdy); Brautchor, aus der Oper »Lohengrin« (R. Wagner)
- Begleitende Orgelmusik: Hochzeitskantate, BWV 22 (J. S. Bach); Ave Maria, Original »Ellens Gesang«, Op. 52, Nr. 6 D 83 (F. Schubert); Domine Deus, aus »Gloria«, RV 50 (A. Vivaldi)
- Beim Auszug des Brautpaares: Fantasie und Fuge in g-Moll, BWV 542 (J. S. Bach); Großer Marsch, aus der Oper »Aida«, 1. Akt, II. Szene (G. Verdi); »Wassermusik«, Hornpipe aus der 2. Suite, HWV 349 in D-Dur (G. F. Händel).

Glückwünsche und Fruchtbarkeitssegen

Nach der feierlichen Hochzeitszeremonie nimmt das Brautpaar vor dem Kirchenportal die Glückwünsche und den Fruchtbarkeitssegen – oft in Form von Reis, den die Hochzeitsgäste mit vollen Händen über das Braut-

Beim Auszug aus der Kirche wird das Brautpaar mit Blüten beworfen – ein alter Brauch, um den Frischgetrauten Glück und Fruchtbarkeit zu wünschen.

paar werfen – entgegen. Inzwischen wird es aber nicht mehr gern gesehen, wenn ein Nahrungsmittel achtlos weggeworfen wird, während in anderen Ländern der Erde Menschen verhungern. Lassen Sie sich daher mit Blütenblättern oder Konfetti segnen.

Ältere Fruchtbarkeitssymbole

Reis gehörte früher nicht zu den heimischen Getreidesorten; daher gab es in Mitteleuropa andere Fruchtbarkeitssymbole: Blumen, Getreidekörner, Nüsse und kleine Kuchen. Frische Blumen drückten Lebensfreude aus und waren Sinnbild für Wachstum. Getreide erhält uns am Leben und ist das wichtigste Grundnahrungsmittel. Die Menschen konnten das Wachstum der Pflanzen nur wenig beeinflussen, weshalb sich viele religiöse und magische Praktiken rund ums Getreide entwickelten. Wen wundert es, daß es auch bei der Hochzeit, die auch heute noch mit so vielen Ritualen verbunden ist, nicht fehlen durfte. Man legte dem Brautpaar die wichtigsten Nahrungsmittel vor die Füße und hoffte, daß die beiden dadurch auch in Zukunft immer genug zu essen haben würden. In Lappland waren es Fische, in Asien und im Orient eben Reiskörner. Möglicherweise waren es die Engländer, die das Reiswerfen aus ihren ostasiatischen Kolonien nach Europa gebracht haben.

Symbolik der Nuß

Im Gegensatz zu der heute noch lebendigen Fruchtbarkeitssymbolik von Blumen und Getreide ist uns die Bedeutung der Nuß als Lebensspender fremd geworden. Vielleicht erinnern Sie sich aber an Märchen und Sagen, in denen man mit Nüssen kostbare und geheimnisvolle Dinge herbeizaubern konnte. Nüsse haben eine harte Schale, einen wertvollen Kern und sind schwer zu knacken. Es gehörte zu den ältesten Hochzeitsritualen Europas, dem Brautpaar Nüsse ins Ehebett zu legen. Im antiken Rom war es üblich, Neuvermählte mit Nüssen zu bewerfen. Man glaubte zudem, daß der Verzehr von Nüssen die Liebesfähigkeit steigern würde.

Wegsperre

Bevor die Feier richtig losgehen kann, muß sich der Bräutigam den Weg zum Fest erst »freikaufen« – dieser Brauch, früher in fast allen Ländern Europas üblich, ist heute ziemlich in Vergessenheit geraten. Unverheiratete männliche Freunde des Brautpaares und auch Kinder versperrten dem Brautpaar mit bunten Bändern, Schnüren und Ketten den Weg. Die Sperre wurde erst beseitigt, wenn der Bräuti-

Braut und Bräutigam durchschneiden die Wegsperre, die den Übergang in einen neuen Lebensabschnitt symbolisiert.

Auch die Hochzeitstorte ist ein Fruchtbarkeitssymbol, sind in ihr doch Getreide und Eier zu einem gehaltvollen Ganzen verbacken. Die schwäbische Hochzeitssuppe soll ebenfalls helfen, dem Brautpaar Nachwuchs zu bescheren.

Die Wegsperre macht dem Brautpaar deutlich, daß es einen neuen Abschnitt seines Lebens beginnt. Früher symbolisierte sie auch den Abschied der Braut von ihrem Elternhaus.

Beim Hochzeitsspalier muß das Brautpaar zeigen, daß es gemeinsam seinen Weg findet – auch wenn sich ihm Hindernisse entgegenstellen.

gam seinen Obolus in Form von Geld, Bonbons für die Kinder oder alkoholischen Getränken entrichtet hatte. Wie in vielen Märchen mußte er manchmal sogar ein Rätsel lösen, bevor die Sperren abgebaut wurden. Hintergrund dieses Brauchs: Nur wer Schwierigkeiten anpackt und seine Kräfte und Fähigkeiten sinnvoll einsetzt, ist reif für die Ehe und versteht auch in Zukunft, sämtliche Hürden des Lebens zu nehmen.

Symbol der Bindung

Schnüre und Bänder gelten in fast allen Kulturen als Symbole der Bindung und des Loslassens. Sie können verbinden und festhalten, aber auch trennen, wenn sie zerschnitten werden. Bänder kann man verknoten, wodurch Dinge verbunden werden, die vorher getrennt waren. Auch der Knoten besitzt eine alte Symbolik; nach antiken Vorstellungen fesselte er nicht nur feindliche Dämonen, sondern diente auch als Liebeszauber. Im alten China band der mystische Mondmann nachts die Beine neugeborener Mädchen und Jungen mit einem unsichtbaren roten Faden zusammen, so daß die beiden später, als Erwachsene, wie durch ein magisches Band voneinander angezogen wurden. In Indien und Mexiko verknotete man während der Hochzeit die Kleider des Brautpaares miteinander. Eine türkische Braut muß bei ihrer Trauung noch heute unbedingt einen Gürtel tragen. Und wenn der katholische Priester die Stola um die Hände des Brautpaares schlingt, kommt auch darin die Symbolik des Verbindens und Verknotens zum Ausdruck.

Übergangsritus

Die Wegsperre gehört zu den Übergangsriten – Zeremonien, die den Wechsel von einem Lebensabschnitt in den anderen kennzeichnen und in fast allen Kulturen dieser Welt vorkommen. Da solche Übergänge bei vielen Menschen Furcht auslösen – man muß seinen vertrauten Lebensstil aufgeben und weiß nicht, was kommt und wie man sich im neuen Leben zurechtfinden wird –, gab es zahlreiche Rituale, um den Schritt in diesen neuen Lebensabschnitt zu erleichtern. Man wollte nichts unversucht lassen, um das ungewisse Schicksal in günstige Bahnen zu lenken und die Geister versöhnlich zu stimmen. Zudem sind Sitten, Bräuche, Zeremonien und Rituale schließlich nichts anderes als Verhaltensregeln, und wer sich unsicher fühlt, hat es gern, wenn man ihm sagt, was zu tun ist.

Hochzeitszug

Eine lange Autokolonne der Hochzeitsgesellschaft, die laut hupend von der Kirche zum Restaurant fährt, erinnert heute noch ein wenig an den traditionellen Hochzeitszug: Jeder soll erfahren, daß sich etwas ganz Besonderes ereignet hat, daß zwei Menschen sich füreinander entschieden haben! In früheren Zeiten sollten mit Pistolenschüssen und sonstigem Lärm, der den Hochzeitszug begleitete, böse Geister vertrieben werden, die am Wegesrand lauerten. Wahrscheinlich hat sich das laute Hupen der heutigen Wagenkolonne aus diesem Brauch heraus entwickelt.

Der Brautzug früher

Die uralte Tradition des Hochzeitszuges entstand in einer Zeit, als die Braut bei der Hochzeit Abschied von ihrer Familie nahm und mit allem, was sie in die Ehe mitbrachte, am Tag der Eheschließung zur Familie des Mannes übersiedelte. Prinzessinnen mußten oft lange beschwerliche Reisen auf sich nehmen, um mit Hofstaat und den Gold- und Silberschätzen in das Land ihres Zukünftigen zu ziehen. Wohin der Hochzeitszug auch kam, wurde er freundlich begrüßt, und es wurde ausgiebig gefeiert.

Der Brautwagen, der die gesellschaftliche Stellung der Familie der Braut anzeigte, war mit Schränken, Ehebett, Wäsche und Kleidern – der ganzen Aussteuer der Braut – beladen. Ein Vater, der seine Tochter üppig ausstatten konnte, war ein angesehener Mann. Wenn der Hochzeitszug durch die Straßen fuhr, kamen die Leute aus ihren Häusern, bestaunten neugierig die Braut sowie die Wagenkolonne und nahmen natürlich auch das Heiratsgut in Augenschein.

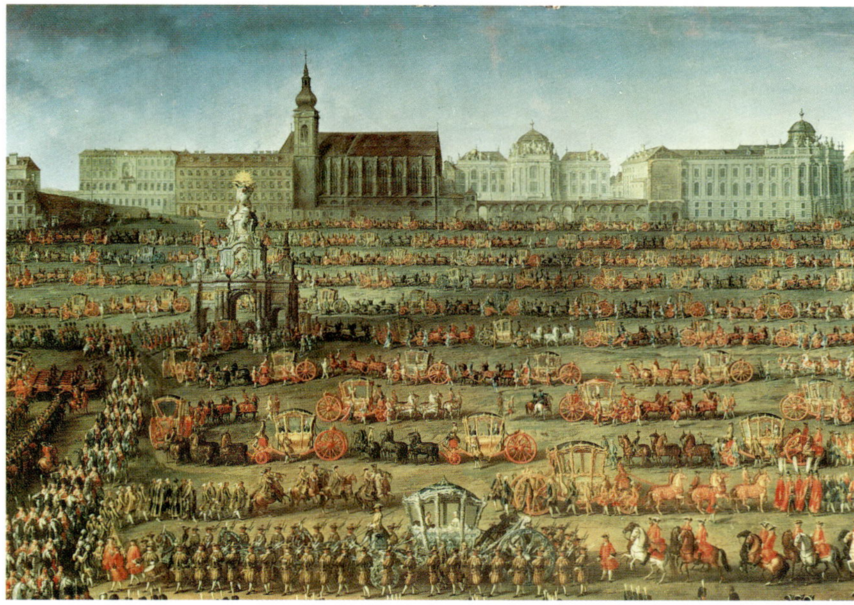

Prunkvoller Brautzug der Isabella von Parma zur Hochzeit mit Erzherzog Joseph im Jahre 1760.

Hochzeitszug heute

Auch die Formation der Festgesellschaft beim Auszug aus der Kirche hat sich aus der alten Tradition des Hochzeitszugs entwickelt. Heute gibt es keine festen Regeln mehr für die Reihenfolge der Gäste – meist geht der Brautführer mit den Brautjungfern voraus, dann folgen Blumenkinder, Braut und Bräutigam sowie die Trauzeugen. Es schließen sich meist die Brautmutter mit dem Vater des Bräutigams und die Mutter des Bräutigams mit dem Brautvater an, dann kommen Großeltern und Geschwister des Brautpaares, übrige Familienmitglieder und weitere Hochzeitsgäste. Die Reihenfolge innerhalb des Hochzeitszuges richtet sich im allgemeinen nicht nur nach Alter sowie freundschaftlicher oder verwandtschaftlicher Beziehung zum Brautpaar, sondern auch nach regionalen Gepflogenheiten.

Wenn sich Ihre Gäste zu einem Hochzeitszug formieren sollen, bitten Sie einen Freund darum, daß er sich als Zeremonienmeister um die richtige Aufstellung kümmert.

Die Hochzeitsfeier

Im Mittelalter wurde eine Hochzeit oft tagelang gefeiert, man briet ganze Ochsen, trank, soviel man konnte, tanzte, und sogar neue Ehen bahnten sich an… Das gemeinsame Essen ist neben der Trauung der wichtigste und älteste Bestandteil einer Hochzeit. Schon das Wort »Vermählung«, in dem »Mahl« enthalten ist, weist darauf hin.

Die Hochzeitstorte wurde schon im alten Rom von Frischvermählten angeschnitten. Sie kann aus bis zu sieben Etagen bestehen – in mindestens einer sollte Marzipan sein.

Das Hochzeitsmenü

In den verschiedenen Gegenden gibt es seit jeher besondere Hochzeitsgerichte. Im schweizerischen Luzern ist das eine köstlich gefüllte Pastete, in der eine Windel oder ein kleines Hemdchen zum Vorschein kommt, wenn die Braut sie anschneidet. In Schwaben gibt es eine traditionelle Hochzeitssuppe: Aus viel Fleisch und Gemüse wird eine kräftige Brühe gekocht, in die Flädle, Eiernudeln, Maultaschen und kleine Klöße gegeben werden.

Klassisch: fünf Gänge

Bei uns besteht heutzutage ein festliches Hochzeitsessen meist aus fünf Gängen, die harmonisch aufeinander abgestimmt sind und keine zu großen Anforderungen an den Verdauungsapparat stellen – schließlich möchte man danach noch tanzen oder zumindest mit Aufmerksamkeit den Reden folgen können. Beim Fünf-Gänge-Menü genügt ein gehaltvolles Hauptgericht, das meist als dritter Gang serviert wird, voll und ganz. Klassisch ist eine Zusammenstellung, bei der zuerst eine kalte Vorspeise (z. B. Melone mit Schinken oder eine Pastete) serviert wird, gefolgt von einer Suppe. Als dritten Gang bietet man ein leichtes Fischgericht an, danach ein durchaus deftigeres Fleischgericht. Als krönendes Dessert reicht man eine Süßspeise oder Käse.

Getränke

Zum Hochzeitsmenü gehören natürlich auch die richtigen Getränke. Normalerweise wird zu jedem Gang ein passendes Getränk angeboten, das besonders gut mit dem Geschmack der Speise harmoniert. Wenn Sie in dieser Frage unsicher sind, lassen Sie sich vom Fachmann beraten. Sie können natürlich auch zu allen Gängen eine einzige Sorte Wein ausschenken. Auch bei einer ausgetüftelten Weinfolge sollte man immer an kühles Bier, ausreichend Mineralwasser und verschiedene Säfte denken. Ein Aperitif vor dem Essen (z.B. Sherry oder Longdrinks), der den Appetit anregt, und ein Digestif (z. B. Grappa) zur Verdauungsförderung nach dem Mahl kommen bei den meisten Gästen gut an.

So wird der Tisch gedeckt

Am festlichsten wirken Platzteller aus Edelstahl oder Silber, auf denen die Teller stehen. Das Besteck wird folgendermaßen angeordnet: Das Messer liegt rechts neben dem Eßteller und zeigt mit der Schneidefläche nach innen. Der Suppenlöffel wird rechts neben das Messer gelegt. Links neben dem Teller liegt die Gabel. Werden mehrere Gänge serviert, gibt es gewöhnlich für jeden Gang ein neues Besteck. Hierbei gilt: Die Gabeln werden alle nebeneinander links vom Eßteller gelegt; die Messer plazieren Sie nebeneinander rechts vom Eßteller. Die Besteckteile liegen immer entsprechend der Reihenfolge, in der sie für die Speisen benötigt werden. Das Besteck, das zuerst gebraucht wird, liegt also ganz außen und wird nach dem entsprechenden Gang abserviert. Dessert- oder Obstbesteck liegt quer oberhalb des Eßtellers. Der Griff des Löffels und der des Messers zeigen nach rechts, der der Gabel nach links.

Gläser und Servietten

Der richtige Platz für die Gläser ist rechts oben neben dem Teller. Sie stehen von außen nach innen entsprechend der Reihenfolge, in der sie benutzt werden. Das Glas, das ganz rechts steht, wird also als erstes gefüllt. Ein kleinerer Teller für Brot oder Toast, die als Beigabe zur Vorspeise oder Suppe gereicht werden, kommt zusammen mit einem kleinen Buttermesser links oben neben den Eßteller. Die Serviette liegt links neben der Gabel oder wird kunstvoll drapiert auch mitten auf den Eßteller gesetzt. Wenn Sie in einem Restaurant feiern, wird das Servicepersonal natürlich auch die Servietten dem Anlaß entsprechend dekorativ falten. Feiern Sie das Fest zu Hause, sollten Sie an hübsch arrangierte Stoffservietten für Ihre festliche Tafel denken.

Ein stilvoll gedeckter Tisch mit Suppenteller und Teller für die Hauptspeise sowie einem Weißweinglas für den ersten Gang und einem Rotweinglas für ein anschließend serviertes Gericht.

Die Hochzeitstorte

Ein Höhepunkt jeder Hochzeitsfeier ist der Moment, in dem die Hochzeitstorte serviert und angeschnitten wird. Sie hat meist mehrere Stockwerke, und den krönenden Abschluß bildet oft eine große Rose aus Marzipan oder ein Brautpaar im Miniformat. Damit Ihre Wünsche in diesem Backwerk versinnbildlicht werden, sollten Sie spätestens drei Wochen vor der Hochzeit mit dem Konditor sprechen. Hören Sie sich seine Ideen an; er ist Fachmann und weiß, was wirkt – und vor allem schmeckt! Die Größe der Torte richtet sich nach der Anzahl der Gäste, denn jeder sollte ein Stück davon kosten können.

Die Speisen Ihres Hochzeitsmenüs sollten nicht zu ausgefallen oder zu stark gewürzt sein. Ein Mahl, das allen gerecht wird, ist im Zweifelsfall immer besser als etwas Exquisites, das vielleicht nicht allen mundet.

Die englische Variante der Hochzeitstorte, der »Wedding cake«, wird spätestens drei Monate vor der Hochzeit gebacken und besteht mindestens aus drei Etagen. Kleine Stückchen dieses Backwerks hebt man auf, um sie zur Taufe des ersten Kindes zu servieren.

Wichtigster Bestandteil: Marzipan

Was einem alten Brauch zufolge bei keiner Hochzeitstorte fehlen darf, ist das Marzipan. Es wird aus geriebenen Mandeln, Zucker und Rosenöl hergestellt und erhält dadurch seinen ganz besonderen symbolischen Wert: Mandeln sorgen für Glück in der Liebe, und auch die Rose ist ein Sinnbild der Liebe und der Leidenschaft – was kann noch schiefgehen, wenn Sie an Ihrem Hochzeitstag jede Menge Marzipan essen? Früher war es sogar üblich, während der Hochzeitsfeier gezuckerte Mandeln zu verteilen, die die Gäste mit nach Hause nahmen – ein Brauch, den es in Italien immer noch gibt. Der leicht bittere Mandelgeschmack in Verbindung mit dem süßen Zucker steht als Symbol für die Beziehung zweier unterschiedlicher Menschen. Der harmonische Geschmack der Zuckermandeln sollte daran erinnern, daß auch verschiedene Charaktere ausgezeichnet zusammenpassen können!

Die Hochzeitstorte sollte vom Brautpaar gemeinsam angeschnitten werden, wobei man mit der obersten Etage anfängt.

Wann wird die Torte serviert?

Wann Sie die Hochzeitstorte servieren, hängt vom Verlauf Ihres Festes ab. Traditionell wird sie vom Brautpaar zum Nachmittagskaffee angeschnitten; die Braut hält das Messer und schneidet die Torte, der Bräutigam legt dabei seine Hand über die seiner Frau. Die ersten Stücke werden noch von Braut und Bräutigam verteilt, danach sollte bei größeren Gesellschaften das Servieren vom Personal übernommen werden.

Alternativ dazu kann die Torte während eines Vormittagsempfangs angeboten werden. Besonders aufregend können Sie das Auftragen der Torte gestalten, wenn es draußen dunkel ist. Die Lichter werden gelöscht, damit sich alle Augen auf das mit Wunderkerzen gespickte Backwerk richten können, das zur passenden Musik hereingetragen wird … Also warum nicht die Hochzeitstorte als Abschluß des abendlichen Diners servieren?

Leitung des Festes

Damit eine große Hochzeit ohne Pannen verläuft, muß nicht nur vor dem Fest vieles geplant und vorbereitet werden, auch während der Feier gibt es einiges zu organisieren. Das Brautpaar kann sich natürlich nicht um alles kümmern und sollte einige Aufgaben an einen Profi oder gute Freunde abtreten. Je größer und aufwendiger das Fest, desto schwieriger ist die Organisation.

Die Profiversion

In diesem Fall übergeben Sie einem Hochzeits- oder Veranstaltungsservice nicht nur die Vorbereitungen, sondern lassen auch die

Abläufe während des Festes koordinieren. Sie können auch einen erfahrenen Zeremonienmeister engagieren. Denken Sie daran, daß es oft Kleinigkeiten sind, die für einen reibungslosen Ablauf des Festes wichtig sind: Wann wird die Hochzeitstorte angeschnitten? Sollte man mit dem Hochzeitswalzer noch etwas warten? Ganz plötzlich ist doch noch ein unerwarteter Gast dazugekommen, und man braucht ein Gedeck mehr. Auch zu den unterschiedlichen Hochzeitsbräuchen muß manche Hochzeitsgesellschaft erst animiert werden – und schließlich soll die Braut nicht vergeblich darauf warten, daß sie endlich entführt wird. Ist die Braut dann weg und der Bräutigam mit Freunden hinter ihr her, bleibt der Rest der Gäste erfahrungsgemäß etwas einsam zurück. Um die Stimmung aufrechtzuerhalten, brauchen Sie gerade in so einer Situation einen guten Animateur, der für Unterhaltung sorgt.

Organisation durch Freunde

Vielleicht können auch gute Freunde oder hilfsbereite Verwandte die Leitung des Festes übernehmen. Vielleicht ist in Ihrer Gegend auch noch der Brauch eines Hochzeitsladers lebendig, der sich um die Organisation Ihrer Feier kümmert? Klammern Sie in jedem Fall den engsten Familienkreis aus. Die Eltern beispielsweise sollten das Fest genießen und nicht auf dem Parkplatz stehen, um den Überraschungskünstler abzufangen.

Musik und Unterhaltung

Musik bewegt unser Innerstes, weswegen sie ein ganz wesentlicher Bestandteil einer Hochzeit ist, die ja mit tiefen Gefühlen verbunden ist. Musik kann traurig oder fröhlich machen, sie kann Erinnerungen wecken und manchmal auch gewaltig auf die Nerven gehen – denken Sie daher bei der Musikauswahl nicht nur an sich, sondern auch an Ihre Gäste.

Musik – live oder vom Band?

Von der richtigen Musik hängt so viel ab, daß man sie sicherheitshalber in professionelle Hände legen sollte. Eine erfahrene Band hat, abgestimmt auf unterschiedliche Altersgruppen, vom Brautwalzer über den neuesten Hit bis hin zur dezenten Jazzuntermalung alles in ihrem Repertoire. Das gleiche gilt für die rol-

Vielleicht studieren Sie auch die Kleinanzeigen der Zeitungen, um Musiker für Ihr Hochzeitsfest zu finden? Bestehen Sie in diesem Fall aber unbedingt auf einem vorherigen Probehören, bevor Sie die Musiker für Ihr Hochzeitsfest verpflichten.

Aufgaben, die Sie verteilen sollten

- Wer hilft den Gästen, ihren Platz zu finden?
- Wer koordiniert den zeitlichen Ablauf von Sketchen, Reden und z.B. der Präsentation der Hochzeitszeitung?
- Wer ist für den Geschenktisch, für Blumensträuße und Vasen zuständig?
- Wer kümmert sich um Musik und Künstler?
- Wer steht mit Küche und Servicepersonal in Verbindung und sorgt beispielsweise dafür, daß die Rede des Brautvaters nicht durch Geschirrgeklapper gestört wird?
- Wer betätigt sich als Animateur und gibt den Anstoß zu verschiedenen Hochzeitsbräuchen?
- Wer kümmert sich um Sonderwünsche?

Viele Tanzschulen bieten Sonderkurse für Brautpaare an. Dort lernen Sie, mit Schleppe, sperrigem Reifrock, langem Schleier und einem Blumenstrauß in der Hand leichtfüßig übers Parkett zu schweben, ohne sich zu verheddern.

lenden Discos – Discjockeys, die mit Unmengen von Platten und technischem Equipment anreisen. Ob Live-Musik oder »Konserve«, hängt von Ihren finanziellen Möglichkeiten, persönlichen Vorlieben und dem Stil Ihres Festes ab.

Die richtigen Musiker finden Sie, indem Sie sich in Ihrem Bekanntenkreis umhören, bei Restaurantbesitzern oder Tanzschulen nachfragen. Gute Tips kann Ihnen außerdem ein Hochzeitsservice oder eine Künstleragentur geben; Ansprechpartner für die Vermittlung von Live-Musik sowie Discjockeys finden Sie außerdem in unserem Adressenteil im Anhang. Egal, ob es um Musik oder Unterhaltung geht: Bevor Sie ein Engagement fest vereinbaren, sollten Sie den Termin (Tag und Uhrzeit), die Leistungen (beispielsweise wie viele Musiker wie lange spielen) und die Kosten (auch für eventuelle »Überstunden«) genau besprechen und einen schriftlichen Vertrag abschließen. Dieser kann ganz formlos und handgeschrieben sein, schützt Sie aber vor bösen Überraschungen am Hochzeitstag.

Romantisch und originell: Der Brautwalzer wird nicht im Saal, sondern auf einer Wiese getanzt.

Künstlerische Darbietungen

Vielleicht möchten Sie Ihrer Hochzeit durch künstlerische Darbietungen einen ganz speziellen Touch geben? Flamenco-Tänzer, Feuerschlucker oder Schlangenbeschwörer können Ihre Gäste in ausgelassene Stimmung bringen und den Eindruck erwecken, als feierten Sie in einer phantastischen Zirkusmanege! Die Künstler für diese Darbietungen finden Sie über professionelle Hochzeitsveranstalter, über den Künstlervermittlungsdienst des regionalen Arbeitsamts und im Adressenteil im Anhang.

Der Brautwalzer

Die Feststellung, zwei linke Beine zu haben, hilft Ihnen als Braut oder Bräutigam gar nichts – wer ein Hochzeitsfest mit Tanz veranstaltet, muß das Bein zum Brautwalzer schwingen, der den offiziellen Teil der Feier beschließt.

Wenn der Platz ausreicht, bildet die ganze Hochzeitsgesellschaft einen großen Kreis um das tanzende Brautpaar. Die Gäste halten nach einem alten Brauch vielleicht brennende Kerzen in der Hand, die heutzutage auch durch Wunderkerzen ersetzt sein können. Das flackernde Kerzenlicht sollte unheimliche Geister, die aus der Dunkelheit kommen konnten, vertreiben. Das Brautpaar tanzt den ersten Walzer alleine auf der Tanzfläche.

Tanz mit den Eltern

Wenn das Brautpaar seine Ehrenrunde gedreht hat, fordert der Bräutigam die Brautmutter auf, und die Braut tanzt mit dem Vater des Bräutigams – und anschließend natürlich der Brautvater mit seiner Tochter und der Bräutigam mit seiner Mutter. Damit ist der allgemeine Tanz eröffnet.

Reden und Sketche

Dies sind Themen, um die Sie sich bei der Vorbereitung Ihres Festes nicht kümmern müssen, auch wenn derartige Einlagen einfach dazugehören – schließlich werden Sie von Familie und Freunden »überrascht« werden. Machen Sie sich aber zumindest darauf gefaßt, daß der Brautvater eine Rede halten wird. Die Pause zwischen dem ersten und zweiten Gang bietet sich dafür besonders an, weil keiner der Gäste mehr von großem Hunger geplagt wird. Als nächstes spricht meist der Vater des Bräutigams einige Worte. Falls mehrere Ansprachen zu erwarten sind, wird sich hoffentlich Ihr Zeremonienmeister um deren Koordination bemühen. Ähnliches gilt für Sketche und sonstige Darbietungen sowie die Hochzeitszeitung, für deren Realisierung sich meist eigene Komitees gebildet haben.

Fotos, Film- und Videoaufnahmen

Stellen Sie sich vor, Sie kramen im Regal, suchen verzweifelt das Buch, das Ihre Freundin endlich wieder zurückhaben möchte. Statt dessen fällt Ihnen Ihr Hochzeitsalbum in die Hände. Sie blättern darin, und plötzlich, beim Betrachten der Fotos, wird alles wieder ganz lebendig: Mama wischt sich heimlich eine Träne aus dem Augenwinkel, Ihr Bruder ist wie immer der erste am Buffet, und Sie stehen am Altar und bringen vor Aufregung kaum Ihr Jawort über die Lippen…

Vorbei sind die Zeiten, als Braut und Bräutigam aufrecht, als hätten sie einen Stock verschluckt, mit eingefrorenem Lächeln endlos vor der Linse des Fotografen ausharren mußten. Selbst offizielle Brautbilder müssen heute nicht mehr langweilig sein. Deshalb sollte einer an Ihrem Hochzeitstag auf jeden Fall dabeisein: der Fotograf – schließlich kann man den Hochzeitstag nicht wiederholen, nur weil die Bilder nichts geworden sind. Ganz sicher gehen Sie, wenn Sie einen Profi engagieren.

Welcher Fotograf?

In den meisten Studios können Sie Fotoalben mit Arbeitsproben anschauen und sich so ein Bild vom persönlichen Stil des Fotografen machen. Vergleichen Sie, und unterhalten Sie

Aufnahmen im Freien sind ideal, wenn Sie dazu neigen, sich vor der Kamera zu verkrampfen.

Wenn Sie sich für Aufnahmen im Freien entschieden haben, sollten Sie mit dem Fotografen sicherheitshalber ein Alternativprogramm im Studio absprechen, damit Ihre Bilder nicht buchstäblich ins Wasser fallen.

Ein großformatiges gebundenes Buch mit dickem Papier oder ein Fotoalbum eignen sich besonders gut als Hochzeitsbuch.

sich mit dem Fotografen. Wirklich gute Bilder entstehen vor allem dann, wenn sich Fotograf und Modell sympathisch sind. Hören Sie sich seine Vorschläge an, äußern Sie aber auch Ihre ganz speziellen Wünsche und Ideen. Aufnahmen im Studio haben den Vorteil, daß Lichtverhältnisse und Equipment perfekt sind. Sie können sich auch im Freien fotografieren lassen, das wirkt meistens natürlicher und weniger gestellt als im Studio. Allerdings sind Außenaufnahmen für den Fotografen mit einem größeren Arbeitsaufwand verbunden und bedeuten daher für Sie höhere Kosten.

Fotoreportage

Immer mehr Paare entscheiden sich für eine Foto- oder Videodokumentation des ganzen Tages. Wie wär's mit einer Reportage, die beim Schminken der Braut beginnt und erst endet, wenn sich das Paar in die Flitterwochen verabschiedet? Spezielle Videoproduktionsfirmen kommen gleich mit einem Kamerateam samt Beleuchter ins Haus. Egal, wie Sie Ihren Hochzeitstag dokumentieren, fertigen Sie auf jeden Fall ein kleines Drehbuch an, und legen Sie genau fest, von welchen Momenten Sie unbedingt eine Aufnahme haben möchten.

Kosten

Holen Sie von Ihrem Fotografen für die verschiedenen Möglichkeiten einen Kostenvoranschlag ein. Vielleicht lassen Sie auch nur die offiziellen Hochzeitsfotos von einem Profi aufnehmen und bitten Freunde, mit einer guten Kamera oder einem Videogerät zusätzliche Fotos während des Tages zu machen.

Ihr Hochzeitsbuch

Das Gästebuch ist heutzutage ziemlich in Vergessenheit geraten. Anläßlich Ihrer Hochzeit könnte es zu neuen Ehren gelangen, indem Sie es einfach zum »Hochzeitsbuch« umfunktionieren, das all das beinhaltet, was Sie an Ihre Hochzeit erinnert.

Schreiben Sie einige einleitende Zeilen in Ihr Hochzeitsbuch. In ihnen können Sie die Gäste einladen, sich im Hochzeitsbuch zu verewigen. Zugleich nehmen Sie der Hochzeitsgesellschaft damit die Hemmschwelle, denn meist möchte keiner als erster auf einem unbeschriebenen Blatt schreiben. Legen Sie Ihr Hochzeitsbuch aus, und jeder Gast wird sich zumindest mit seinem Namen, einer kleinen Zeichnung oder ein paar Worten verewigen. Blumenkinder, die noch nicht schreiben

Lassen Sie in Ihrem Hochzeitsbuch die erste Seite frei, um später Ihr Foto einkleben zu können.

können, hinterlassen im Hochzeitsbuch einen dicken Schokoladenfingerabdruck oder malen sich selbst mit Braut und Bräutigam. Nach der Hochzeitsfeier können Sie die Menükarte, getrocknete Blumen, ein paar Schnappschüsse und vielleicht sogar die etwas abgegriffene Gästeliste in Ihr Buch einkleben. Ins Hochzeitsbuch kommt alles, was mit Ihrer Feier und den Gästen zu tun hat – so entsteht ein rundum fröhliches und sehr individuelles Buch, das Sie immer wieder an Ihren ganz besonderen Tag erinnern wird. Auf der ersten Seite des Hochzeitsbuches können Sie mit einer besonders schönen Schrift Ihren Namen sowie Ort und Datum der Trauung eintragen.

Sammelsurium an Erinnerungen

Wenn Sie kein spezielles Fotoalbum anlegen möchten, kleben Sie auch Ihre Hochzeitsbilder einfach ins Hochzeitsbuch hinein. Von dem persönlichen Wahlspruch für die Ehe, Glück- und Segenswünschen des Pfarrers, der Kopie der Trauungsurkunde und der Rechnung fürs Buffet oder dem Etikett Ihres Hochzeitschampagners bis zu der ausgeschnittenen Hochzeitsanzeige aus der Zeitung und dem Flitterwochen-Flugticket kann fast alles eingeklebt werden.

Eine weitere Möglichkeit, um die Erinnerungsstücke Ihres großen Tages aufzubewahren, ist eine Hochzeitskiste. Bekleben Sie dafür einen Karton mit hübschem Papier, und verzieren Sie das Ganze mit einem Foto von Ihnen als Brautpaar. In diesem Kästchen können Sie alle Papiere und Schnipsel aufbewahren, die in irgendeiner Weise mit Ihrer Hochzeit zu tun haben.

Das Hochzeitsbuch legt man am besten in der Nähe des Geschenktisches aus.

Verabschiedung der Gäste

Am Ende des großen Tags tanzen meist Braut und Bräutigam noch einmal einen Walzer, und die Gäste stellen sich dabei in einem Kreis um das Brautpaar. Anschließend verabschiedet sich jeder persönlich vom frischgebackenen Ehepaar. Eine nette Geste ist es, den Gästen ein kleines Geschenk mitzugeben – vielleicht ihr Tischkärtchen oder extra vorbereitete Hochzeitsbonbons. Das Brautpaar selbst darf natürlich nicht vergessen, die eigenen Geschenke und eventuell den Blumenschmuck einzupacken oder diese Aufgabe dem Zeremonienmeister zu übertragen.

Oft wartet in der Wohnung eine Überraschung auf das Brautpaar: Freunde haben vielleicht den Weg zum Bett mit quer durch die Wohnung gespannten Fäden erschwert oder gar das Bett unter die Decke gehängt.

Happy-End. Und danach?

Alles vorüber?
Ganz im Gegenteil,
jetzt fängt es doch erst an!
Gedanken und Empfindungen
brauchen jedoch etwas Zeit,
um sich an den neuen
Zustand zu gewöhnen.

Der erste Ehetag

Nun haben Sie Ihren großen Tag hinter sich – Sie sind Mann und Frau! Genießen Sie das neue Gefühl, verheiratet zu sein, und gestalten Sie Ihren ersten Ehetag ganz bewußt. Wahrscheinlich werden Sie auch noch einiges vom Vortag nachzubereiten haben – oder haben Sie Ihre Geschenke schon während der Feier ausgepackt?

In islamischen Ländern erhält jede Braut am Hochzeitsmorgen heute noch ein Geschenk – ein Brauch, der sicher auch bei uns Anklang findet.

Die Hochzeitsnacht besitzt zwar nicht mehr dieselbe Bedeutung wie noch vor einigen Jahrzehnten, dennoch küßt es sich als Ehepaar anders…

Im Rückblick auf den Hochzeitstag und die vielen Vorbereitungen beschleicht Sie vielleicht das Gefühl, daß alles furchtbar schnell gegangen ist. Der Schritt in einen neuen Lebensabschnitt muß innerlich verarbeitet und verkraftet werden, bevor man sich mit ganzer Energie wieder in den Alltag stürzt. Gönnen Sie sich daher – besonders nach einer großen, anstrengenden Hochzeit – ein paar ruhige Tage. Besonders gut gelingt das natürlich, wenn Sie die ersten Tage oder Wochen Ihrer Ehe auf einer Hochzeitsreise verbringen. Doch auch wenn Sie nicht sofort in die Flitterwochen verreisen, sollten Sie sich ein bißchen verwöhnen.

Die Morgengabe

Eine Gelegenheit zum Schenken, die nicht von der modernen Werbeindustrie erfunden wurde, sondern tatsächlich seit vielen Jahrhunderten Brauch ist, findet der Bräutigam am Morgen nach der Hochzeitsnacht. Dann überreicht er seiner Frau die Morgengabe. Ob sich dieser Brauch aus dem frühmittelalterlichen Brautkauf entwickelt hat, bei dem der Mann seine Frau bei ihrem Vater auslösen mußte, ist nicht ganz sicher. Aber man weiß, daß Frauen früher bei der Hochzeit nicht nur von ihrem Vater eine Mitgift bekamen. Auch der frischgebackene Ehemann überreichte seiner Frau Geschenke, mit denen sie tun und lassen konnte, was sie wollte – was ungewöhnlich war, denn das Eigentumsrecht der Frauen war ziemlich eingeschränkt. Selbst über die Mitgift bestimmte in den meisten Fällen nach der Hochzeit der Ehemann.

Auspacken der Geschenke

Bei einer großen Hochzeit haben Sie während des Festes wahrscheinlich keine Zeit gehabt, die Geschenke auszupacken. Das machen Sie besser am nächsten Tag in Ruhe in Ihrer Wohnung. Sorgen Sie auf jeden Fall dafür, daß die Geschenke gleich nach der Hochzeitsfeier zu Ihnen nach Hause gebracht werden, und lassen Sie sie auf keinen Fall über Nacht im Restaurant stehen. Wenn Sie möchten, können Sie Ihre Geschenke am nächsten Tag zusammen mit Freunden auspacken und gleichzeitig einen kleinen Hochzeitsbrunch veranstalten. Dies kann spannender sein, als die vielen Päckchen allein zu öffnen. Notieren Sie sich in jedem Fall ganz genau, wer Ihnen was geschenkt hat, damit Sie jedes Geschenk in der Danksagung kurz erwähnen können.

Danksagungen

Für all die Geschenke, Glückwünsche und Aufmerksamkeiten, die Sie zu Ihrer Hochzeit bekommen haben, erwarten Ihre Freunde und Verwandten natürlich auch ein kleines Dankeschön, das entweder mit der Hand geschrieben oder bei größeren Hochzeiten mit vielen Gästen auch gedruckt sein kann. Am besten gestalten Sie diese Danksagungskarten in dem gleichen Stil wie Ihre Einladungen und die Tisch- und Menükarten. Der Text könnte beispielsweise folgendermaßen lauten:

»Herzlichen Dank für alle Glückwünsche, Geschenke und Aufmerksamkeiten zu unserer Hochzeit.«

In jedem Fall sollten Sie auf die Danksagung ein paar persönliche Zeilen von Hand dazuschreiben. Jeder Gast hat sich genau überlegt, wie er Ihnen eine Freude machen könnte, und hat sein Geschenk sicher mit Liebe ausgesucht (deshalb ist es auch so wichtig, sich bei der Hochzeit genau zu notieren, wer was geschenkt hat!). Es ist daher viel freundlicher, wenn Sie auf das jeweilige Geschenk näher eingehen und beispielsweise schreiben: *»Das neue Badetuch konnten wir in den Flitterwochen gut gebrauchen.«* Oder: *»In der tollen Bratpfanne gelingen endlich auch mir die Pfannkuchen.«* Ein aufgeklebtes Foto mit Ihnen als Brautpaar macht Ihre Danksagung noch persönlicher und ist gleichzeitig eine kleine Erinnerung an Ihr Fest.

Was wird aus dem Brautkleid?

Das weiße Brautkleid ist ja eigentlich nur für einen Tag gemacht. Wahrscheinlich möchten Sie irgendwann mal wieder ganz heimlich hineinschlüpfen, daran riechen und die Seide rascheln hören … Wer weiß, vielleicht wird es

Mit einer geschmackvollen und individuellen Danksagung runden Sie Ihre Hochzeit stilvoll ab.

Ihr Dankeschön sollte etwa zwei bis drei Wochen nach der Trauung verschickt werden – spätestens dann, wenn Sie aus den Flitterwochen zurück sind.

Es ist zweckmäßig, sich bereits beim Kauf des Brautkleides darüber Gedanken zu machen, ob man es nach der Hochzeit weiterverkaufen, umarbeiten oder im Originalzustand aufbewahren möchte.

Ihre Tochter zur Trauung tragen? Auf jeden Fall sollte es nicht einfach den Motten auf dem Speicher ausgeliefert werden. Wenn Sie Ihr Hochzeitskleid behalten möchten, hängen Sie es in einem Kleidersack im Schrank auf, oder verpacken Sie es in einem schönen Karton, in dem Sie auch Ihren Schleier oder Ihren Kopfschmuck aufbewahren können. Legen Sie zwischen die einzelnen Stofflagen weißes Seidenpapier – verwenden Sie kein Zeitungspapier, das könnte abfärben und Flecken hinterlassen! Motten bekämpfen Sie mit Waldmeister- oder Lavendelsäckchen, die Sie zusammen mit dem Kleid verpacken. Als kleine Erinnerung an Ihren Hochzeitstag legen Sie eine getrocknete Blüte Ihres Brautstraußes dazu, die Sie vorher mit dem Duft besprüht haben, den Sie bei der Trauung trugen.

Umarbeitung

Wenn der Schnitt und das Material es zulassen, können Sie Ihr Brautkleid auch weiterverwenden. Es gibt Spezialfärbereien, die Ihren weißen Traum in ein feurig rotes Abendkleid verwandeln (siehe Adressenteil im Anhang). Gute Schneiderinnen können Röcke kürzen, Schleppen abnehmen und Ihr Hochzeitsgewand so umarbeiten, daß man ihm seine Vergangenheit nicht mehr ansieht. Bevor Sie das Kleid färben oder ändern lassen, sollten Sie jedoch gut überlegen, ob Sie für das Endprodukt auch wirklich Verwendung haben. Wenn nicht, wäre es schade um das Geld und das Hochzeitskleid, an dem doch so viele Erinnerungen hängen.

Die dritte Möglichkeit besteht darin, Ihr Hochzeitskleid zu verkaufen, indem Sie beispielsweise eine entsprechende Zeitungsannonce aufgeben. In Frage kommen in diesem Fall auch Kostümverleihe oder Brautmodengeschäfte, die Secondhand-Ware verkaufen. Diesen Entschluß sollten Sie aber bald fassen, denn keine Braut trägt gerne ein Kleid der vorletzten Saison. In jedem Fall werden Sie nur einen Teil des Originalpreises erhalten. Am besten überschlafen Sie Ihre Entscheidung einige Tage.

Nach dem großen Fest sollten Sie das Brautkleid reinigen lassen und die Accessoires gut auslüften.

Was macht man mit dem Brautstrauß?

Sicherlich haben Sie die wichtigsten Momente Ihres Hochzeitstages auf zahlreichen Fotos und Videoaufnahmen festgehalten. Trotzdem werden Sie überrascht sein, daß ein kleines, unscheinbares, getrocknetes oder gepreßtes Rosenblatt Ihres Brautstraußes wesentlich tiefere Gefühle und Erinnerungen in Ihnen wachrufen wird, als es das Zelluloid vermag... Um Ihr Brautbouquet zu konservieren, gibt es mehrere Möglichkeiten:

Trocknen der Blumen

Die einfachste Möglichkeit ist das Trocknen der Blumen an der Luft. Dafür sollten Sie sämtliche Bänder und Folienreste entfernen. Binden Sie den Strauß an den Stielen mit einem Baumwoll- oder Bastband fest zusammen. Anschließend packen Sie den Strauß ganz vorsichtig in eine ausreichend große, braune Papiertüte und hängen ihn mit den Blüten nach unten an einem trockenen, dunklen Ort auf. Die Blüten dürfen vom Papier nicht aneinandergedrückt werden! Nach zwei bis drei Wochen sollte der Brautstrauß getrocknet sein. Dekorieren Sie ihn in Ihrer Wohnung, oder packen Sie ihn vorsichtig in eine große, mit Tüll oder Seidenpapier ausgeschlagene Schachtel, um ihn vor Staub und Beschädigungen zu schützen. Bei besonderen Festen, beispielsweise der Taufe Ihres ersten Kindes, kann er wieder ausgepackt und als Tischschmuck benutzt werden.

Wenn Sie Ihren Brautstrauß nicht als Ganzes trocknen möchten, ist ein Duftkissen oder ein dekoratives Gesteck eine ebenso schöne Erinnerung.

Blumen pressen

Das Pressen von Blumen ist eine jahrhundertealte Technik, um Blüten vor dem unansehnlichen Verwelken zu bewahren. Einzelne flache Blüten, die nicht zu dick sein sollten, werden vom Stiel befreit. Um die Blumen auf schonende Weise zu pressen, benötigt man einen festeren Karton, auf den ein Blatt weißes, leicht saugendes Papier (am besten eignet sich dazu Löschpapier) kommt. Legen Sie die Blüten darauf, und bedecken Sie sie ganz vorsichtig mit einem zweiten Blatt Löschpapier; darüber kommt dann noch ein Bogen festerer Karton. Wenn Sie keine spezielle Blumenpresse besitzen, sollten diese sorgfältig verpackten Blüten ungefähr sechs Wochen mit schweren Gegenständen, z. B. Büchern, bepackt an einem warmen, trockenen Ort aufbewahrt werden. Die getrockneten Blüten müssen sehr vorsichtig behandelt werden – am besten benutzen Sie eine Pinzette, um sie vom Löschpapier zu lösen. Getrocknete Blumen haben eine blässere Farbe als vorher, doch dafür kann man die Struktur ihrer Blütenblätter gut erkennen.

> *Liebe besteht nicht darin, in den anderen hineinzustarren, sondern darin, gemeinsam nach vorne zu blicken.*
>
> ANTOINE DE SAINT-EXUPÉRY

Je langsamer und schonender die Blumen getrocknet werden, desto länger behalten sie ihre Farbe!

Die Behördengänge nach der Hochzeit sind sehr zeitraubend, doch Ihre Papiere sollten möglichst bald aktualisiert werden.

Blumenkissen

Wie eine ganz bestimmte Melodie, so kann auch ein spezieller Duft vergangene Erinnerungen wieder sehr lebendig werden lassen. Versuchen Sie doch deshalb, Ihren Brautstrauß in ein duftendes Blumenkissen zu verwandeln! Dazu werden sämtliche Blütenblätter sorgfältig gelöst, auf ein Sieb gelegt und vorsichtig mit luftigem Tüll bedeckt, um zu verhindern, daß sich Staub absetzt. Lassen Sie die Blütenblätter an einem trockenen, dunklen Ort mehrere Wochen stehen. Sind sie getrocknet, können Sie sie entweder mit dem Parfum besprühen, das Sie am Tag Ihrer Hochzeit getragen haben, oder mit speziellen Duftölen benetzen, die es in jeder Drogerie, Parfümerie oder Apotheke zu kaufen gibt. Schwere, sinnliche Duftrichtungen passen gut. Füllen Sie die getrockneten Blüten in ein genähtes Leinensäckchen, verschließen Sie es mit einer schönen Satinschleife, und legen Sie es als Duftkissen zwischen Ihre Wäsche.

Ihr neuer Familienstand muß bei allen Behörden vermerkt werden.

Formalitäten nach der Eheschließung

Es ist mühselig und zeitraubend, aber der neue Familienstand muß vielen Behörden mitgeteilt werden. Und wer nach der Eheschließung einen anderen Namen trägt – sei es Mann oder Frau –, muß auch einige Dokumente ändern lassen: Auf dem Einwohnermeldeamt oder der Gemeindeverwaltung müssen Sie Reisepaß, Personalausweis und Führerschein umschreiben lassen. Dabei gilt: Heiratsurkunde vom Standesamt oder das Familienbuch nicht vergessen, denn die Eheschließung muß ja nachgewiesen werden. Fertigen Sie sich einige Kopien von der Heiratsurkunde an, und lassen Sie diese auf der Gemeinde beglaubigen. Bei manchen Ämtern reicht es nicht aus, nur die Originalurkunde vorzulegen, sondern es muß eine Kopie zu den Akten gelegt werden.

Auch auf der Kfz-Meldestelle müssen sämtliche Kfz-Papiere abgeändert werden, auf der Bank die Konten (z. B. Sparbuch, Girokonto), Kredite, Scheck- und Kreditkarten. Überlegen Sie, ob Sie ein gemeinsames Konto mit Ihrem Partner eröffnen wollen – falls Sie dies nicht schon vorher eingerichtet haben. Von diesem Konto könnte beispielsweise die Miete überwiesen werden. Außerdem müssen Finanzamt, Arbeitgeber, Vermieter, Krankenkasse, Bausparkasse und Versicherungsgesellschaften über den neuen Familienstand und die eventuelle Namensänderung informiert werden. Zumindest vom Finanzamt werden Sie für diese Lauferei belohnt, kommen Sie als Ehepaar doch in den Genuß einer günstigeren Steuerklasse (Näheres siehe Seite 28).

Hochzeitsjubiläen

In einigen Monaten schon werden Sie Ihren ersten Hochzeitstag, die sogenannte Papierene Hochzeit, feiern können. Eine Bewährungsprobe kommt – glaubt man dem Volksmund – im »verflixten siebten Jahr« Ihrer Ehe auf Sie zu.

Hochzeitsjubiläen

1 Jahr:	Papierene Hochzeit
3 Jahre:	Lederne Hochzeit
5 Jahre:	Hölzerne Hochzeit
6,5 Jahre:	Zinnerne Hochzeit
7 Jahre:	Kupferne Hochzeit
8 Jahre:	Blecherne Hochzeit
10 Jahre:	Rosenhochzeit
12,5 Jahre:	Nickelhochzeit
15 Jahre:	Kristallene Hochzeit
20 Jahre:	Porzellanhochzeit
25 Jahre:	Silberne Hochzeit
30 Jahre:	Perlenhochzeit
35 Jahre:	Leinwandhochzeit
37,5 Jahre:	Aluminiumhochzeit
40 Jahre:	Rubinhochzeit
50 Jahre:	Goldene Hochzeit
60 Jahre:	Diamantene Hochzeit
65 Jahre:	Eiserne Hochzeit
67,5 Jahre:	Steinerne Hochzeit
70 Jahre:	Gnadenhochzeit
75 Jahre:	Kronjuwelenhochzeit

Ein alter Brauch: Den Frischvermählten wird ein Kinderwagen aufs Dach gestellt, damit der Nachwuchs nicht allzu lange auf sich warten läßt.

Nun sind Sie verheiratet, sind auch bei allen Ämtern als Mann und Frau registriert. Hat sich in Ihrem Leben damit viel geändert? Wahrscheinlich haben Sie schon vorher zusammengewohnt, ungewohnt ist nur das Klingelschild mit Ihrem neuen Namen vor der Tür. Auch wenn Ihr großer Tag immer weiter in die Ferne rückt – sehen Sie Ihre Eheschließung als Beginn, den Beginn eines neuen Lebens. All die Bräuche, die während Ihrer Hochzeitsfeier wahrscheinlich belebt wurden, führen deutlich vor Augen, daß eine Trauung schon immer als Beginn eines neuen Lebensabschnitts gesehen wurde. Auch Sie und Ihr Partner haben sich mit Ihrer Hochzeit dafür entschieden, diesen Schritt zu gehen. Heutzutage ist eine Vermählung keine Voraussetzung mehr, um überhaupt ein Leben zu zweit führen zu können – wie das ja noch vor wenigen Jahrzehnten der Fall war. Der einzige Grund, warum Sie sich das Jawort gegeben haben, kann also nur die Liebe sein. Zelebrieren Sie diese Entscheidung füreinander jeden Tag, und versuchen Sie mit jeder Geste, Ihre Partnerschaft lebendig zu halten.

LITERATUR ZUM EHERECHT

Hessmann-Kosaris Anita: Der Ehevertrag. Heyne 1994. DM 12,90

Jung Harald: Eheverträge. Fragen des Familienrechts. Fischer Taschenbuch Verlag 1995. DM 16,90

Langenfeld Gerrit: Der Ehevertrag. Beck Rechtsberater im dtv 1994. DM 9,90

Münster Thomas: Eheverträge. Falken Taschenbuch Verlag 1995. DM 19,90

Sultan Lydia Al-/Rieck Jürgen: Ehen über Grenzen. Liebe allein genügt nicht - Tips für den Ehevertrag. Piper 1994. DM 12,90

HOCHZEITS- UND VERANSTALTUNGSSERVICE

Nach Postleitzahlen geordnet finden Sie hier Ansprechpartner für die Organisation Ihres Hochzeitsfestes. Gewöhnlich arbeiten diese Dienstleister auch in der weiteren Umgebung des Firmensitzes, teilweise im gesamten deutschsprachigen Raum. Weitere Adressen finden Sie in Ihrem lokalen Branchenbuch unter »Hochzeits-organisation«, »Partyservice«, »Veranstal-tungsservice« oder »Künstleragenturen«.

Piesker's Partyservice – Partys, Empfänge, Banketts von 5 bis 2000 Personen, Erlenstr. 6, D-01097 Dresden, Tel. und Fax 03 51/5 67 04 25

Party Service, Clara Zetkin Park – Festzelte, Ausstattung, Bedienung, Bands, Bauzmannstr. 14, D-04315 Leipzig, Tel. 03 41/6 88 05 91

Hochzeitsausstatter Bachmann Rudolf GbR, Dresdner Str. 71, D-04317 Leipzig, Tel. 03 41/6 89 28 97

ALAR Veranstaltungs- und Partyservice, Friedrichstr. 129, D-10117 Berlin, Tel. 0 30/2 83 28 19, Fax 0 30/2 82 84 77

Der AllerLeih-Veranstaltungsservice, Zimmerstr. 80–91, D-10117 Berlin, Tel. 0 30/2 38 47 34, Fax 0 30/6 09 31 54

Happy Hearts Service, Horst Urbschat, Fotostudio und Festorganisation, Kurfürstendamm 173, D-10707 Berlin, Tel. 0 30/8 81 37 49 + 8 82 71 06, Fax 0 30/8 81 43 81

Zochert, Internationaler Party- und Veranstaltungsservice, Binger Str. 16, D-14197 Berlin, Tel. 030/8 23 38 64, Fax 0 30/8 24 60 55

FUNtastic GmbH, Hochzeitskomplettservice, Buchenallee 54, D-16341 Zepernick, Tel. und Fax 0 30/9 44 48 61

Euracustik – alles für das Fest von Aperitif bis Zirkuszelt, Lappenbergsallee 26 a, D-20257 Hamburg, Tel. 0 40/40 91 33, Fax 0 40/49 58 64

Die Koch-Lust, Veranstaltungs-Komplett-service, Sartoriusstr. 10, D-22257 Hamburg, Tel. 0 40/3 90 80 56, Fax 0 40/3 90 80 57

Veranstaltungsservice Brunckhorst, Konzept und Organisation, Jacobsenweg 3–11, D-22525 Hamburg, Tel. 0 40/54 50 88, Fax 0 40/5 40 66 17

Chico's Partyservice – vom intimen Frühstück zu zweit bis zum Festbankett für 2000, Brand & Taebi GmbH, Haferweg 5a, D-22769 Hamburg, Tel. 0 40/8 50 10 01-2

Live-Time Veranstaltungsorganisation, Frank Schumacher, Ziegeleiweg 63, D-40591 Düsseldorf, Tel. 02 11/72 55 53, Fax 02 11/72 63 96

Pretty Woman, Hochzeitsservice und Brautmoden aus zweiter Hand, Briller Str. 22, D-42105 Wuppertal-Elberfeld, Tel. 02 02/31 67 03

Hochzeitsservice Mariage, gesamte Festorganisation, D-51709 Marienheide, Tel. 0 22 64/38 38, Fax 0 22 64/37 00

Meyer Schlemmerservice, Gartenstr. 33, D-60596 Frankfurt, Tel. 0 69/61 50 95

Liliane Hochzeitsgestaltung, Tanzschule Senkbeil, Südliche Ringstr. 61, D-63322 Lengen, Tel. 0 60 74/5 05 47, Fax 0 60 74/60 20

Party Perfekt, Hochzeits- und Partyservice, Henri-Dunant-Str. 7, D-64625 Bensheim a.d. Bergstraße, Tel. 0 62 52/6 49 91

Hochzeitsservice Claudia Westhagen, Wildungerstr. 36, D-70372 Stuttgart, Tel. 07 11/56 02 80, Fax 07 11/56 87 80

Feinkost Böhm, Partyservice, Reichenbachstr. 5, D-70372 Stuttgart, Tel. 07 11/56 10 81, Fax 07 11/56 22 30

Hemings Hochzeitsservice für Kleidung, Fotos, Fahrzeuge, Möllenbachstraße 19, D-71229 Stuttgart-Leonberg, Tel. 0 71 52/97 92 30; oder: Maybacherstr. 10, D-76227 Karlsruhe, Tel. 07 21/49 40 93

Gabriele's Mariage, Festorganisation, 72764 Reutlingen, Tel. 0 71 21/29 06 36, Fax 0 71 21/21 01 04

Happy Day Hochzeitsplanung von A bis Z, Auf der Eck 17, D-76547 Sinzheim b. Baden-Baden, Tel. 0 72 21/8 16 41, Fax 0 72 21/8 16 55

Ursula Fuerbass, Festorganisation sowie Hochzeitsreisen inklusive Trauung im In- und Ausland, Gabelsbergerstr. 42, D-80333 München, Tel. 0 89/52 64 52, Fax 0 89/5 23 25 01

Infinity Reise Consulting, Hochzeitsservice im In- und Ausland, Bayerstr. 95, 80335 München, Tel. 0 89/5 38 96 28, Fax 0 89/5 38 96 45

Hochzeitsservice Ch. Jäger, Festgestaltung, Fahrzeuge, Friedenheimer Str. 60, D-80686 München, Tel. + Fax 0 89/5 80 49 70

Feria Hochzeitsarrangements, Organisation von Hochzeitsreisen mit Trauung, Frankfurter Ring 243, D-80807 München, Tel. 0 89/3 23 79-0

Wonderful Weddings – Hochzeitsgestaltung, auch Trauung im Ausland, Sollner Str. 50, D-81479 München, Tel. 089/7 91 19 85

Hochzeitsservice Stöcklin, Hochzeits-organisation vom Heiratsantrag bis zu den Flitterwochen, Wörnbrunner Platz 7, D-81547 München, Tel. + Fax 089/6 90 74 53

Feinkost Käfer Party-Service, komplette Festgestaltung, Prinzregentenstr. 73, D-81675 München, Tel. 0 89/41 68-0, Fax 0 89/41 68-623

Gamo-Reisen, Unterwasserhochzeiten in den Tropen mit malaysischem Hochzeits-zeremoniell, Südliche Münchner Str. 24 a, D-82081 Grünwald, Tel. 089/6 41 51 25

Show-Partner Veranstaltungsservice, Komplettorganisation, Ebersberger Str. 50, D-83022 Rosenheim, Tel. 0 80 31/89 07 03, Fax 0 80 31/89 08 67

Günter Schroeder, Schiffahrten und Veranstaltungen, Zirbenweg 26, D-87448 Waltenhofen, Tel. 08 31/1 49 34

Sylvia Kramer – Brautmoden, Fotos, Fahrzeuge und Musik, Vilsstr. 8, D-92224 Amberg, Tel. 0 96 21/3 23 26

Bad Brückenauer Hochzeitsservice – plant und organisiert Hochzeitsfeierlichkeiten in dem fränkischen Kurort, dessen Standesamt Brautpaaren rund um die Uhr zur Verfügung steht. Unterhainstr. 7, D-97763 Bad Brückenau, Tel. 0 97 41/40 17, Fax 0 97 41/1364

Barbara Donaubauer, Organisation von Traumhochzeiten in der Mozartstadt, Forellenweg 57, A-5020 Salzburg, Tel. + Fax 00 43/662/43 28 14

Albatros Traumhochzeiten, Hochzeitsservice im In- und Ausland, Bergstr. 22, A-5024 Salzburg, Tel. 00 43/6 62/88 16 71-0, Fax 00 43/6 62/88 16 79

Rainer Frischknecht, Fotostudio und Festorganisation, Grundstr. 7, CH-8126 Zumikon, Tel. 00 41/1/9 18 27 21

Infinity Reise Consulting, Hochzeitsservice (In- und Ausland), Kirchgasse 53, CH-8706 Meilen/Zürich, Tel. 0 04 11/9 25 11 88, Fax 0 04 11/9 23 11 33

HOCHZEITSKUTSCHEN UND EXKLUSIVE FAHRZEUGE

Kreisel – Limousinen, Chauffeur, Busservice, Große Meissnerstr. 15, D-01097 Dresden, Tel. 03 51/8 12 06 15

Autovermietung Nord, Rolls-Royce mit Chauffeur, Roedernallee 80, D-13437 Berlin-Wittenau, Tel. 0 30/4 14 46 22

H. Grundschüttel, Kutschen, Hennigdorfer Str. 125, D-13503 Berlin, Tel. 0 30/4 31 01 11

Horst Kruse, Kutschen, Pankower Str. 20, D-21502 Geesthacht, Tel. 0 41 52/7 63 11

5th Avenue, Rolls-Royce, Brandkampsweg 7, D-22459 Hamburg, Tel. 0 40/5 55 22 55, Fax 0 40/5 55 35 55

Hochzeitsfahrzeuge Sigrid Heumann, Amselweg 2, D-35792 Löhnberg/Lahn, Tel. 0 64 71/6 12 31

Elegante Hochzeitskutschen, Am Mühlenturm 12, D-40489 Düsseldorf, Tel. 02 11/40 17 63

H. Küttelwesch, Kutschen, Hittdorfer Str. 56, D-40764 Langenfeld, Tel. 0 21 73/14 92 85

Royal Cars Rental, Charlottenburger Str. 7, D-45699 Herten, Tel. 0 23 66/3 49 84

R. E. Bermel, VIP-Service, Hinter Hoben 133, D-53129 Bonn, Tel. 02 28/23 16 32

Müller & Hensel, alte US-Straßenkreuzer, Nisterstr. 4, D-57627 Hachenburg, Tel. 0 26 62/9 52 30

Classic Limousinen – Rolls Royce, Daimler, Oldtimer, Oldtimer-Busse, Am Siebenstein 5, D-63303 Dreieich, Tel. 0 61 03/6 23 24

Heming Hochzeitsservice, Kutschen und Oldtimer, Maybachstr. 10, D-76227 Karlsruhe, Tel. 07 21/49 40 93

Kutscherei Pfeffer, Schwere Reiter Str. 22, D-80797 München, Tel. 0 89/18 06 08

Oldtimer Verleih, Hoffmann Walter, Siegfriedstr. 25/II., D-80803 München, Tel. 0 89/34 22 47

Mercedes-Pullmann mit Chauffeur und Champagner-Arrangement, Grashofstr. 78, D-80995 München, Tel. 0 89/3 14 20 61

5th Avenue – spezielle US-Cars, Luxus-Vans, Harleys, Kreillerstr. 160, D-81825 München, Tel.+ Fax 0 89/6 88 15 45

Fritz Rössler, Hochzeitsautos mit Chauffeur, Blombergstr. 7, D-81825 München, Tel.+ Fax 0 89/4 31 55 55

Coaching in Bavaria, Kutschen und Gespanne, Kerschlach 6, D-82396 Pähl, Tel. 0 88 08/3 86

Shyril Hempel, Rolls-Royce Chauffeurwagen, auch mit Champagner-Arrangement, Breslauer Str. 5a, 91080 Uttenreuth, Tel. 0 91 31/5 70 80

MUSIK UND KÜNSTLER

Angelas Show Service, Futhzeile 6, D-12353 Berlin, Tel. + Fax 0 30/6 05 39 21

Show Service Ellermann, Bleichertwiete 12, D-21029 Hamburg, Tel. 0 40/7 21 20 23

Max Concept Veranstaltungsservice – Musiker, DJs, Moderatoren, Varieté-Künstler, Rönnkamp 16, D-22457 Hamburg, Tel. 0 40/5 59 44 88

Live-Time Künstleragentur Frank Schumacher, bundesweit für Musik, Show und Kleinkunst, Ziegeleiweg 63, D-40591 Düsseldorf, Tel. 02 11/72 55 53, Fax 02 11/72 63 96

Bauchredner-Show, Peter Kerscher, Englerthstr. 42, D-52249 Eschweiler, Tel. 0 24 03/3 31 65, Fax 0 24 03/3 24 35

Maschke's Musikservice, 25mal in Deutschland: Live-Musik, Rollende Disco, Entertainment, Rotherbachstr. 28, D-59192 Bergkamen-Oberaden, Tel. 0 23 06/8 45 80, Fax 0 23 06/85 00 66

Agentur für orientalischen Bauchtanz, Schlangentanz und Fakirshow, Lessenicher Weg 19 a, D-53347 Alfter bei Bonn, Tel. + Fax 0 22 22/6 40 44

Mobydisc – mobile Diskotheken für die Großräume Berlin, Düsseldorf, Frankfurt, Hamburg, Köln, München, Oberstr. 2a, D-61462 Königstein 3, Tel. 01 30/83 60 90 (zum Nulltarif)

Musikproduktion Hildebrand, Hochzeits-CD mit Musikbeispielen für kirchliche Trauung sowie Info-Broschüre für das Gespräch mit dem Organisten, Asternweg 11, D-65201 Wiesbaden, Tel. 06 11/2 26 83, Fax 06 11/26 16 97

Mobil Disco Worldstar, Im Hauskrob 18, D-69250 Schönau, Tel. 0 62 28/85 55

Robert G. Baretty, Kapellen- und Artistenvermittlung, Bayerstr. 37, D-80335 München, Tel. 0 89/6 91 15 15 Fax 0 89/6 91 15 06

Heinz Schwarzhuber, Vermietung von weißen Hochzeitstauben, Kantstr. 23a, D-80807 München, Tel. 0 89/3 59 41 30

Peki-Fantasy-Show, Degendorferstr. 10b, 82547 Achmühle, Tel. 0 81 71/2 98 99, Fax 0 81 71/2 07 32

LOCATIONS

Aus der Vielzahl von ungewöhnlichen Veranstaltungsorten für Ihr Fest hier eine kleine Auswahl; geeignete Locations werden auch über einen Hochzeits- oder Veranstaltungsservice vermietet. Im übrigen kann man fast alles mieten - fragen Sie nach!

Veranstaltungsservice Brunckhorst; verschiedene Locations im Hamburger Hafen, etwa die Altonaer Fischauktionshalle, Tel. 0 40/54 50 88, Fax 0 40/5 40 66 17 und Chico's Partyservice, Tel. 0 40/8 50 10 01-2, Fax 0 40/85 87 11

Windmühle »Vergißmeinnicht«, auch standesamtliche Trauung, D-25718 Friedrichskoog/Dithmarschen, Tel. 0 48 54/15 06

Feiern und Flittern auf Rhein, Mosel, Elbe und Donau; über: Köln-Düsseldorfer Deutsche Rheinschiffahrt AG, Verkauf, Frankenwerft 15, D-50667 Köln, Tel. 02 21/2 08 80

Schiffspartys auf dem Rhein bei Köln; über: Hans Linden, Oberländer Ufer 168, D-50968 Köln, Tel. 02 21/38 47 38

Botanikum, das Gewächshaus zum Feiern; über: Frau Bunzel, Feldmochinger Str. 79–85, D-80993 München, Tel. 0 89/1 41 17 15, Fax 0 89/1 49 36 72

Schiffspartys auf dem Starnberger See; über: Staatliche Schiffahrt Starnberger See, Herr Schwab, D-82319 Starnberg, Tel. 0 81 51/1 20 23, Fax 0 81 51/1 52 29

Feiern auf Donau und Main; über: Regensburger Personenschiffahrt, Klinger, Werftstr. 8, D-93059 Regensburg, Tel. 09 41/5 21 04

Donauschiffahrt Wurm und Köck, Höllgasse 26, D-94032 Passau, Tel. 08 51/92 92 92, Fax 08 51/3 55 18

FPS-Fränkische Personenschiffahrt, Postfach 408, D-97301 Kitzingen, Tel. 0 93 21/91 81-0, Fax 0 93 21/2 15 49

ROMANTIKHOCHZEIT IM SCHLOSSHOTEL

Wir haben Hotels in Burgen, Herrenhäusern und Schlössern für Sie zusammengestellt, die auf die Organisation und Ausrichtung von Hochzeiten in kleinem und großem Rahmen spezialisiert sind. Selbstverständlich bieten sich diese Häuser auch als Flitterwochen-Residenzen oder für eine romantische Nacht im Hochzeitszimmer an.

Dornröschenschloß Sababurg, D-34369 Hofgeismar, Tel. 0 56 71/8 08-0, Fax 0 56 71/8 08-2 00, Hochzeitsfest für maximal 100 Gäste, standesamtliche Trauung wird organisiert

Hotel Schloß Waldeck, D-34513 Waldeck am Edersee, Tel. 0 56 23/5 89-0, Fax 0 56 23/5 89-2 89, Komplettorganisation des Hochzeitsfestes für maximal 250 Gäste, Feuerwerk, standesamtliche und kirchliche Trauung, Pauschalarrangements für Hochzeitspaare

Burghotel Hardenberg, D-37176 Nörten-Hardenberg, Tel. 0 55 03/10 47, Fax 0 55 03/16 50, Komplettorganisation des Hochzeitsfestes für maximal 300 Personen, Trauung in der Burgkapelle

Hotel Schloß Hugenpoet, August-Thyssen-Straße 51, D-45219 Essen, Tel. 0 20 54/12 04-0, Fax 0 20 54/12 04-50, Hochzeitsfest für maximal 120 Gäste, Trauung in der Schloßkapelle

Schloßhotel Velen, D-46342 Velen/Westf., Tel. 0 28 63/2 03-0, Fax 0 28 63/2 03-7 88, Hochzeitsfest für maximal 150 Gäste, Trauung in der Schloßkapelle

Schloßhotel Kommende Ramersdorf, Oberkasseler Str. 10, D-53227 Bonn, Tel. 02 28/44 07 34, Fax 02 28/44 44 00; Hochzeitsfest für maximal 120 Gäste

Burghotel Auf Schönburg, D-55430 Oberwesel am Rhein, Tel. 0 67 44/70 27, Fax 0 67 44/16 13; Hochzeitsfest für maximal 40 Gäste, Trauung in der Burgkapelle

Hotel Jakobsberg in ehemaligem Kloster über dem Tal der Loreley, D-56154 Boppard am Rhein, Tel. 0 67 42/80 80, Fax 0 67 42/30 69; Hochzeitsfest für maximal 200 Gäste, Trauung in Hochzeitskapelle

Burghotel Schnellenberg, D-57439 Attendorn am Biggesee, Tel. 0 27 22/6 94-0, Fax 0 27 22/6 94-69, Hochzeitsfest für maximal 100 Gäste, Trauung in der Burgkapelle

Hotel Schloß Weitenburg, D-72181 Weitenburg-Starzach, Tel. 0 74 57/93 30, Fax 0 74 57/93 31 00, Hochzeitsfest für maximal 140 Gäste, Trauung in der Schloßkapelle

Burghotel Hornberg, D-74865 Neckarzimmern, Tel. 0 62 61/9 24 60, Fax 0 62 61/92 46 44; Hochzeitsfest für maximal 150 Personen, Trauung in der Burgkapelle

Schloßhotel Heinsheim, D-74906 Bad Rappenau-Heinsheim, Tel. 0 72 64/10 45, Fax 0 72 64/42 08, Hochzeitsfest für maximal 180 Gäste, Trauung in der Schloßkapelle

Hotel Schloß Mönchstein, Mönchsberg Park 26, A-5020 Salzburg, Tel. 00 43/6 62/8 48 55 50, Fax 00 43/6 62/84 85 59; Hochzeitsfest für maximal 70 Gäste, Trauung in der Schloßkapelle

Hotel Chateau Gütsch, Auf dem Gütschberg, CH-6002 Luzern, Tel. 00 41/41/2 40 02 72, Fax 00 41/41/2 49 41 91, Hochzeitsfest für maximal 150 Gäste

Weitere Adressen in ganz Europa finden Sie im Katalog der Hotelvereinigung »Gast im Schloß«, Postfach 120620, D-68057 Mannheim, Tel. 06 21/1 26 62-0.

HOCHZEITSKARTEN

Natürlich können Sie Hochzeitskarten in der Druckerei in Ihrer Nachbarschaft herstellen lassen; folgende Adressen nennen Spezialdruckereien mit Postversand.

Braut & Bräutigam Select, Hörsterstr. 52, D-48143 Münster, Tel. 02 51/41 85 30, Fax 02 51/4 67 64;
Alles von der Einladungskarte bis zum Erinnerungsalbum mit Ihrem Namen bedruckt; Postversand, Prospekt erhältlich

Elke's Druck & Design, Postfach M 1724, D-61217 Bad Nauheim;
ungewöhnliche Hochzeitskarten, Druck und Umschläge, Postversand, Farbprospekt gegen DM 3,50 in Briefmarken

Druckerlädchen, Hauptstr. 55, 86568 Hollenbach, Tel. 0 82 57/85 26, Fax 0 82 57/83 43; Festorganisation, Hochzeitskarten und Accessoires für die Festtafel, Postversand, Prospekt erhältlich

SPEZIALFÄRBEREI

Färberei Schneider, Schillerstr. 35, D-73240 Wendlingen, Tel. + Fax 0 70 24/74 97
Färben und Reinigen von wertvoller Brautgarderobe, auch Postservice

Tina Coloured Shoes, Borgheeser Weg 302, D-46446 Emmerich, Tel. 0 28 22/17 49, Fax 0 28 22/1 84 68,
für Österreich: Tel. 02 22/7 98 85 60,
für die Schweiz: 00 31/23 27 55 06,
hier können Sie Schuhe und Taschen in über 1000 Farben einfärben lassen.

REGISTER

Bildnachweis

Die Hochzeitskleider auf U4, S. 2, 32, 33, 70, 71, 72, 73, 74, 75, 88 stellte uns freundlicherweise »All About Eve«, Hildegardstr. 9, 80539 München zur Verfügung. Die Ringe auf S. 81 stellte uns freundlicherweise Trauringhaus Fridrich, Sendlinger Str. 15, 80331 München zur Verfügung. Das Bamberger Haus im Luitpoldpark, Brunnerstraße 2, 80804 München war die Kulisse für S. 32, 33, 44, 45. Zeichungen auf S. 85, 86, 87: Abdruck mit freundlicher Genehmigung des Deutschen Institutes für Herrenmode, Köln.

AKG, Berlin: 55, 139; Andreas Busert, München: 98, 100; Akteo, Edith Hartl PR, München: 128 (Modell Amour); Bavaria, Gauting: 23 (Stüvermann), 36 (Buenos Dias), 109 (Picture Crew), 118 (David Ball), 126 (Reiter); Beate Brömse, München: 69; Bilderberg, Hamburg: 19 (Hans-J. Ellerbrock), 125 (Hans Madej), 142 (Wolfgang Kunz); CMA, Bonn: 68, 97 M., 101; Das Fotoarchiv, Essen: 34 (Toma Babovic), 47 (Dirk Eisermann), 50 (Peter Hollenbach), 56, 67, 121 r. (Henning Christoph), 119 (Geoffrey Hiller), 155 (Ernst Horwath); Diagentur Elke Stolt, Ahrensburg: 106 (Otto R. Weisser); Dornröschenschloß Sababurg, Hofgeismar: 40; Duo, Peter Groß, München: Titelbild, 96, 148, 149; Fotex, Hamburg: 110 (Antipodes); Hans Seidenabel, München: 90, 91, 92, 93, 94, 95, 127; Helga Lade, Frankfurt a. M.: 22 (Bildart), 46 (Tschanz - Hofmann), 64 (Sandhofer), 99 (joke), 105 (Rainer Binder), 124 (H. R. Bramaz); Hirmer, GmbH & Co., München: 84; IFA, München: 12 (Nacivet), 115 (K. Thiele), 116 (Rauh), 133 (Rölle), 138 (Forkel), 148 (Vision), 150 (Vision), 153 (Birgit Koch); Image bank, München: 13 (Colin Anderson), 17 (Schmid/Langsfeld), 18 (Ezio Geneletti), 24 (Hans Wolf), 29, 63 (Romilly Lockyer), 31 (Michael Melford), 61 (Ross M. Horowitz), 78 (Juan Alvarez), 89 (Tim Bieber), 140 (Elyse Lewin), 151 (Max Schneider); Image plus, München: 2, 8, 10, 11, 15, 20, 21, 30, 32, 33, 44, 45, 52, 53, 59, 70, 71, 72, 73, 74, 75, 81, 88, 122, 123, 130, 131, 132, 144 (Michael Nischke); Imagine, Hamburg: 43 (Schwarz), 104 (Gerard), 113 (S. Tauqueur), 141 (Arras); Iris Härter, München: 65; Lejaby Foto/Information, München (weitere Produktinformationen über ERATEX GmbH, Postfach 72 02 33, 50757 Köln): 79 l.; Mauritius, Mittenwald: 48 (FPG), 111 (Superstock), 114 (Josef Beck), 117 (Grasser), 134 (H. Hoffmann), 137 (Frauke), 146 (Poehlmann); Neues Stadtmuseum, Landsberg: 41; Platin Gilde International, Feldbergstr. 59, 61440 Oberursel: 80, 82; Privat: 42; Romantikhotel Schloß Obermayrhofen, Sebersdorf (A): 102, 103; Städtisches Verkehrsbüro, Fulda: 39 (Erich Gutberlet); Superbild Eric Bach, Grünwald: 28 (Zscharnack), 51 (Petra Grahammer), 97 r.u. (Eric Bach); Tina Couloured Shoes, Emmerich: 79 r.; Tony Stone, München: 54 (Bail & Spiegel), 112 (Sylvain Grandadam), 129, 136 (Dale Durfee), 135 (Wilfried Krecichwost), 154 (Philip Habib); Tourist Information Kiel e.V., Kiel: 38; Transglobe, Hamburg: 9 (Gaty Coner), 16 (Power Stock), 66 (Yehuda Raviv), 76 (Tom Biondo), 77 l. (G. P. Reichelt), r. (TWFS), 120 (Globe Press); Ulrich Kerth, München: 58, 60, 62; Visum, Hamburg: 27 (Rudi Meisel), 121 l. (Michael Lange), 145 (Rolf Nobel)

Über die Autorinnen

Monika Baumüller ist freie Journalistin in München. Neben wissenschaftlichen Publikationen hat sie zahlreiche Artikel zu den Themen Familie sowie Kunst und Kultur veröffentlicht.
Claudia Merkle, Soziologin und Kunsthistorikerin, arbeitet als freie Journalistin in München.
Sie befaßt sich seit Jahren mit dem Thema Partnerschaft und mit der Stellung der Frau in der Gesellschaft.

Impressum

Redaktion: Sandra Klaucke
Redaktionsleitung: Dr. Reinhard Pietsch
Bildredaktion: Bettina Huber
Umschlag/Graphische Gestaltung: Till Eiden
DTP/Satz: Wolfgang Lehner
Produktion: Manfred Metzger
Litho: Reprozwölf, Wien
Druck und Bindung: Westermann Druck Zwickau
Printed in Germany

Gedruckt auf chlor- und säurearmem Papier
ISBN 3-517-09011-5